経営目標を必ず**突破**できる！
事業計画書
のつくり方

株式会社
エスネットワークス 編

はじめに

　みなさんは、どういう経緯で事業計画書を作成しようと考え、この本を手に取られたのでしょうか？
　投資家や金融機関に資金調達の交渉をするため、すでに調達している先に現状と将来の見込みを説明するため、社員に自社の将来像を説明するためなど、いわゆる「他動的」な理由が多いのではないでしょうか。巷には「事業計画書」作成本があふれかえっています。その中からどれを選べばいいのか迷っておられるかもしれません。
　本書は、事業計画書の根本を「数値計画」に置くことを特長としています。一見すると他の本よりも少し難しく感じるかもしれません。「事業計画書」は会社経営にとって非常に重要な位置づけのものです。つまり、経営の方向性が「矛盾なく」示されているものでなければなりません。実はその矛盾は「数値計画」において最終的にあぶりだされることが多いのです。先述した「他動的」な理由から作成することになるにしても、これを機会と捉え一度「自主的」に事業計画書を作成してみませんか。
　本書はそういった方にいろいろな視点を与えることを意図して執筆しました。「実現可能性」があり、会社をとりまく「ステークホルダー」にも納得感のある「事業計画書」を、本書を使ってぜひ作成していただきたいと思います。

　振り返ればバブル崩壊以降、日本の会社は多くの困難に直面してきました。コンスタントに続くデフレ経済、近年のリーマンショックや東日本大震災、欧州危機、TPP参加問題等……。また、これらの事象に限らず、少子高齢化の波自体も中小企業を多く抱える日本では事業や技術の承継問題を顕在化させ、いよいよ本格的な「不確実性」の時代に突入したと言っても過言ではありません。
　では、この事態をただ黙って見過ごしていけばいいのでしょうか。もち

ろんNOです。これからの「不確実性」に果敢に立ち向かっていくには、会社としての戦略を一度「立ち止まって」「中長期的な目線で」構築しておく必要があります。「軸」を一つ持つことが、その都度襲ってくる「リスク」に適切に対峙する有効な手段であることは言うまでもありません。

事業計画書はその「軸」を作る、あるいは見つめなおすという作業の結果出来上がるものです。代表者のカリスマ性、取引先との永続的な関係維持、高いレベルの技術や品質なども、会社を維持・拡大していく重要な要素ですが、健全に「人」が成長していくには、特定の要素にのみ依存するのではなく、バランスよく対応していくことが必要です。「ヒト・モノ・カネ・ジョウホウ」からなる経営資源を、効率よく適切に活用しながら会社という「法人」もまた成長するのです。

不確実性はまた、会社が取りうる選択肢を多様にします。この選択肢から何を選んで進んで行くかも法人の「人生」です。短期的視野にとらわれることなく一つの選択肢を考えてみる、というのも事業計画書作成の重要な要素であることをぜひ、ご理解いただきたいと思います。

本書は、実際の作業工程をイメージし、そこで必要な知識や意識しなければならないポイントなどを解説しています（特に第3章）。

また、各章の終わりに入れたコーヒーブレイクでは、今回みなさんがこの本を手に取った理由や経緯を想定しながら、事業計画書が最終的にどういう影響を及ぼすものなのかをイメージしやすくするためのコラムを記載しています。

これからの時代、事業計画書は会社経営上必須のアイテムになります。様々な会社でその作成を支援し事業再生や事業拡大のための資金調達を成功に導いてきた当社ならではのノウハウを踏まえてご説明していきたいと考えています。

平成24年1月

株式会社エスネットワークス

目次

はじめに……2
付属ＣＤ－ＲＯＭのつかい方……7

第1章　事業計画書の意義

第1節　事業計画書とは
- 1－1　アイデアを可視化する……12
- 1－2　将来像とそこに至る道程を示す……14

第2節　当事者にとっての事業計画書
- 2－1　作成者……18
- 2－2　事業計画書の利用者①……20
- 2－3　事業計画書の利用者②……22
- 2－4　投資家と呼ばれる人々……24

第3節　事業計画書の作成プロセス概要
- 3－1　経営理念、経営目標、経営戦略、事業計画の関連性……28
- 3－2　経営理念……30
- 3－3　自社の経営分析と外部環境変化の予測……32
- 3－4　経営目標……34
- 3－5　経営戦略……36
- 3－6　事業計画……38
- コーヒーブレイク①　「いけてない」事業計画書……40

第2章　事業計画書作成のための準備

第1節　自社の方向性を決める
- 1－1　経営理念、経営目標の確認……46
- 1－2　経営戦略の策定と各部署への共有……48
- 1－3　取りまとめと修正……50

第2節　自社の経営分析
- 2－1　ビジネスフロー……54
- 2－2　ビジネスフローと組織構造……56

2－3　４Ｐ分析……58
　　2－4　組織力……60
　　2－5　人材……62
　　2－6　財務……64
　　2－7　その他の資源関係……66
　第3節　外部環境の予測
　　3－1　マクロ経済の把握……70
　　3－2　自社業界状況の把握……72
　　3－3　競合他社の把握……74
　　3－4　顧客購買行動変化の把握……76
　コーヒーブレイク②　企業の各成長ステージにおける事業計画の考え方……78

第3章　事業計画書の構造

　第1節　事業計画書の構成
　　1－1　構成（B/S、P/L、C/F）……84
　　1－2　事業計画の前提となる様々な計画……86
　　1－3　ＫＰＩ設定……88
　　1－4　作成スケジュール……90
　　1－5　［補足］事業計画と月次予算……92
　第2節　販売計画
　　2－1　販売計画作成の流れ……96
　　2－2　目標売上高の算定方法……98
　　2－3　目標売上高の細分化計画……100
　　2－4　［補足］販売計画の予算実績分析……104
　第3節　生産管理
　　3－1　生産管理の基本構造の理解……108
　　3－2　生産計画……110
　　3－3　単位当たり原価……112
　　3－4　事業計画書上の売上原価の計算……114
　第4節　設備投資・投融資計画
　　4－1　設備投資……118
　　4－2　撤退・除却……120

4－3　減価償却……122
　　4－4　事業投資……124
　　4－5　受取利息・配当……126
　第5節　人員計画
　　5－1　現状の整理……130
　　5－2　人員計画シートの作成……132
　　5－3　人員計画の策定……134
　第6節　資金調達・返済計画
　　6－1　必要最低運転資金額の把握……138
　　6－2　計画作成に必要なデータの把握と調達方法の理解……140
　　6－3　資金調達・返済計画を作成する……142
　　6－4　各種財務指標の検証（最終チェック）……144
　第7節　取りまとめとギャップ解消施策
　　7－1　利益増加の施策（総論）……148
　　7－2　売上増加……150
　　7－3　経費削減……152
　　7－4　投資……154
　　7－5　資金調達（総論）……156
　　7－6　在庫水準の適正化……158
　　7－7　支払・入金サイトの変更……160
　　コーヒーブレイク③　財務制限条項と事業計画の各種指標……162

第4章　事業計画の実行管理

　第1節　実行体制側からの管理
　　1－1　部署の役割とプロジェクト化……168
　　1－2　プロジェクトマネジメント……170
　第2節　数値結果側からの管理
　　2－1　財務数値管理……174
　　2－2　ＫＰＩ管理……176
　　コーヒーブレイク④　事業計画書で自社の株式価値を算定してみよう……178

おわりに……180

付属 CD-ROM のつかい方

　本書付属の CD-ROM には、実際に事業計画書を作成する上で加工しやすいように実例をふまえた数値計画のエクセルデータと、それらを最終的に使用してアウトプットしてまとめるための事業計画書のパワーポイントテンプレートを収録しています。
　特に数値計画については、初心者の方でもある程度簡単に作成ができるように、算式も設定して各計画間の連動を図ることができるようになっています。本文でも記載していますが、事業計画書は「実現可能性」が「納得感」を伴って説明できるものでなくてはなりません。本書はこの「納得感」を数値計画に求めて展開しています。
　収録されたエクセルデータをもとに、その「納得感」を検証しながら作成してみてください。

■想定業種
　製品メーカー
　※商品 A、B、C を生産して販売しています。よって製品原価概念や在庫概念、固定資産概念を一定程度テンプレートに盛り込んでいます。

■シート構成
　下記のシートから構成されます。

最終成果物	要素	シート名
事業計画（サマリ）	P/L	売上・原価設定
		販売計画
		人員計画
		販管費設定
		営業外以下設定
	B/S	設備投資・投融資計画
		その他 B/S

■補足説明

「全体」
　・手打ちの部分はセルを黄色に塗っています。
　・色が塗っていないセルは、計算式が入っています。

「事業計画（サマリ）」
　・当期実績及び将来 5 カ年の事業計画を記載する内容になっています。
　・事業計画のそれぞれの数値は CR 列の「データ元シート名」に記載されているシートから転記されます。
　・「損益計算書」「貸借対照表」「キャッシュフロー計算書」の 3 表にて構成されます。
　・上述の 3 表はそれぞれ連動します。

「売上・原価設定」
　・売上高と売上原価の算定シートです。売上高は「販売計画」シートから転記され

ます。
- 販売商品構成をA、B、Cの3種類設けています。
- 商品種類ごとの「単位当り原価明細」を設けています。
- 販売計画の商品ごとの出荷個数に応じて売上原価が算定されます。

「販売計画」
- 売上計上の根拠となる販売に係る計画シートです。
- A、B、Cそれぞれの商品の販売単価及び出荷数を入力することで売上高が計算されます。

「人員計画」
- 人員の増減計画に係る計画シートです。
- 人員計画は大きく「製造部門」と「販管部門」に大別されています。
- それぞれ「製造部門」はP/L上の売上原価、「販管部門」はP/L上の販売管理費に計上されます。

「販管費設定」
- 販売及び一般管理費に係る計画シートです。
- 下記に係る勘定科目については手入力での対応が必要になります
  「賞与」、「退職金」、「貸倒引当金繰入」
- 他の勘定科目については単価や係数を入力することで月次金額が算定されます。

「営業外以下設定」
- 営業外損益、特別損益、法人税等に係る計算シートです。セルの計算式上、赤字の場合は税金金額が「ゼロ」にて計算されます。
- 会社や会計年度によって発生内容が異なるため、ケースに応じてシート構成をカスタマイズする必要が多いでしょう。

「設備投資・投融資計画」
- 固定資産の取得・減価償却・除却等に係る計算シートです。
- 取得価格や耐用年数を記載することで自動的に減価償却費や期末残高が計算される仕組みになっています。
- 建物、ソフトウェアは定額法。工具器具備品は定率法にて計算される前提になっています。
- なお新規取得の減価償却費は簡便的に計算されています。
- 期首欄の記載金額は取得価格を前提にしています。

「その他B/S」
- 貸借対照表項目に係る計算シートです。
- 下記に係る勘定科目については手入力での対応が必要になります。
  「その他流動資産」、「未払費用」、「その他流動負債」、「退職給付引当金」
- 棚卸資産、債権（売掛金、受取手形等）、債務（買掛金、支払手形等）について一定の条件をもとに増減する仕組みになっています。

■さいごに
- 本数値計画（エクセルデータ）は上記の前提で作成したものであり、実際は会社ごとに個別に仕様を変えていく必要があります。
- 本数値計画（エクセルデータ）はあくまで参考としてお使いください。
- このデータを利用・加工することによって生じた問題に関して、著作権及び発行元は一切の責任を負いません。

第1章 事業計画書の意義

第1節

事業計画書とは

事業計画書は何のために作成するのでしょうか？ そして誰が利用するのでしょうか？
事業計画書策定の大前提をここで理解しましょう。
一度作成してなんらかの形で利用者の手に渡った途端、その計画書は「公的」なものとして認知されてしまいます。
そこを意識せず「やっつけ」で作成してしまうと、大きなリスクを引き起こしてしまうこともあります。このリスクを回避するうえでは事業計画の根底の考え方を理解することが必須です。

1-1 アイデアを可視化する

　事業計画は経営者、あるいは会社の経営の方向性を決め誘導していく部門にいる「あなた」の頭の中にある夢・アイデアを「文字」「数字」を使い、目に見えるものにしていく作業です。
　事業計画書を作ることで、事業を客観的に見つめる機会を得られ、実現するために何をしなければならないかが整理されていくことになります。一般的には会社の経営目標を実現するための具体的な行動を示す計画で、3～5年後の「会社のあるべき姿」を描いたものを言います。

　企業は様々なステークホルダー（利害関係者）にいろいろな場面で事業内容を説明して、理解や協力を求める必要が出てきます。
「投資や融資を受けたい」「パートナーを募りたい」「取引してもらいたい」……といった場面です。そんなときのために、事業計画書を作成しておくと、説明に合理性をもたせることができます。
　事業計画は、事業のアイデアを具体化（論理的に整理）し、仮説を立てる作業ですが、何よりも大切なことは、事業を行っていく上で、それを十分に活用することです。
　具体的には、数値目標と実績値を対比したうえで企業行動の修正を図るなど、「ビジネスの羅針盤」としての役割を持たせることが挙げられるでしょう。

　実際には、事業が計画書どおりにいくことは非常に少ないと思います。
　そのため、事業計画書を作成しても意味はないと思っていらっしゃる方々もいるのではないでしょうか。
　しかし、この理由だけで事業計画を立てないことこそ問題があると考えています。なぜなら、事業計画がないままの経営は、単なる「勘」「思いつ

き」に終始してしまうことになるからです。

あくまで論理的思考に基づき事業を組み立て、事業を行っていきながら、その都度軌道修正していくことが、経営の安定性を図るうえで必要だと考えています。

第4章でも述べますが、事業計画書はただ作成するだけではなく、計画と実績の差異を分析し、経営に反映していくことが重要なのです。

分析が問題を浮き上がらせ、その対処を繰り返していくことこそが、経営能力・センスの向上を導きだすのです。

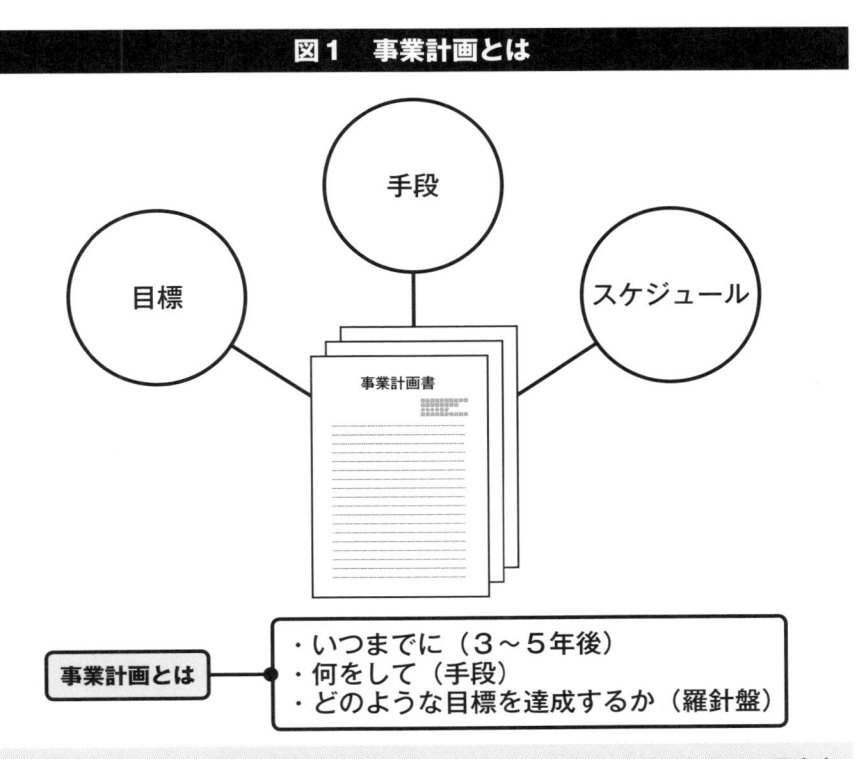

図1　事業計画とは

- 目標
- 手段
- スケジュール

事業計画書

事業計画とは
・いつまでに（3〜5年後）
・何をして（手段）
・どのような目標を達成するか（羅針盤）

経営者の頭の中には必ず事業のアイデアがあります。そのアイデアを3つの要素を意識しながら表現していくと、論理的に説明する資料になります。
あいまいなアイデアを、論理的に説明する**構成力**と**説得力**が大切です。

第1章　事業計画書の意義

1-2 将来像とそこに至る道程を示す

　本書を手にした方は、外部のステークホルダーに対して自社の中長期的戦略を数字として示す必要性にせまられた方が多いのではないでしょうか。
　具体例を挙げると、投資家に対して新規投資を勧誘する場合、既存の投資家に対して将来のリターン予測を提示しなければならない場合、銀行をはじめとする債権者に対して債務の返済の確実性を合理的に示す場合、監査法人に対して資産項目の減損や税効果に関する処理についてその妥当性を説明する場合、などが考えられると思います。
　そんな「ステークホルダー」に彼らの意思決定上必要な会社の将来像とそこに至る道程を示すのも事業計画のもつ重要な役割の一つと理解してください。

　なお、事業計画書はステークホルダーとなる当事者全ての意図を織り込んだものを作成すべきです。ステークホルダーごとに提示している事業計画が別になっている事例も多々ありますが、それらの矛盾はいつかどこかのステークホルダーにしわ寄せがくるものと理解しておいたほうが無難です。
　また、現時点で想定するステークホルダーのみを対象として計画を策定するケースも多々見受けられますが、これも危険です。事業計画書は通常3〜5年の期間を対象に作成しますが、その資本政策等で想定される新たなステークホルダーの動きも想定しておく必要がでてきます。さらに、ステークホルダーの事業計画の捉え方は当事者が複数になった場合、その当事者間で利益が相反するということを理解しておいていただきたいと思います。

図2　事業計画の利用者

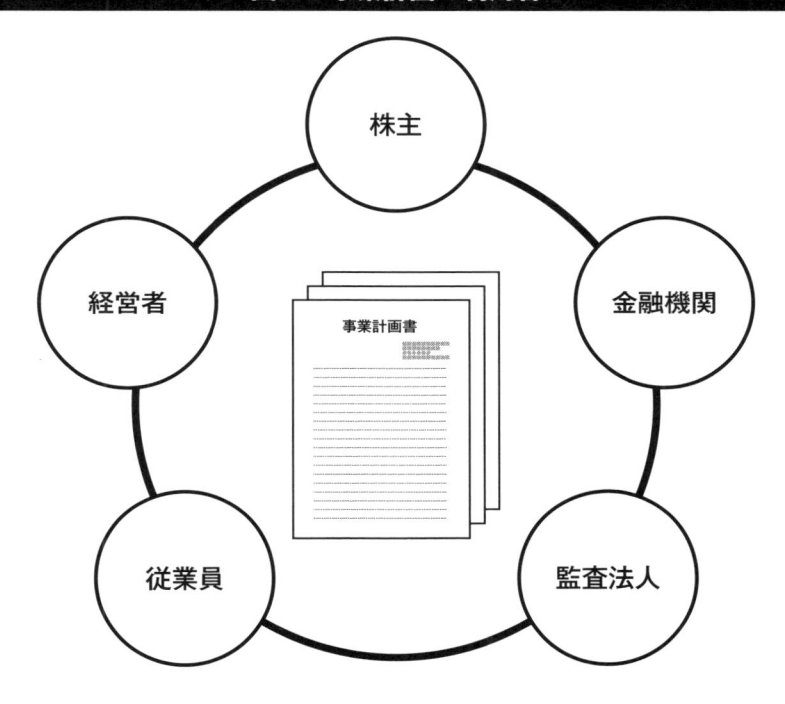

- 株主
- 金融機関
- 監査法人
- 従業員
- 経営者

（中央：事業計画書）

第1章　事業計画書の意義

会社の利害関係者全員が事業計画に関心があります。なぜなら、事業計画は企業の進むべき羅針盤であるからです。
明日が分からないように会社を取り巻く環境も予測が付きません。
そんな未来を予測し、一定の方針を示す事業計画は、みな最大限の関心を示します。

第2節

当事者にとっての事業計画書

事業計画書はその当事者によって見方、捉え方が違います。ここでは当事者がどういう行動原理に基づいて事業計画書を捉え、チェックするのかを説明します。ここを理解しないと説得力のある事業計画書は作成できません。

2-1 作成者

　事業計画書を作成する責任者は、経営者あるいはその指示を受け全社的視点で会社の方向性を企画し誘導する経営企画室、社長室などの部門（時により財務部など）と言えます。
　作成者にとっての事業計画は、会社経営にあたるための「羅針盤」と言えます。会社・事業の将来あるべき姿を可視化し、一つの軸（拠り所）となるものです。
　作成に当たっては「実現可能性」があること、その計画が達成されたときに様々なステークホルダーと想定された関係値を維持、構築できることを意識しておく必要があります。
　会社は社会性を兼ね備えたもの（公器）であり、ステークホルダーとの円滑な関係が維持できなければその存立基盤を失います。
　また、社内外の関係者全員が、実現可能性を一定水準認識できる必要があります。
　後述しますが、自社の現状と経営環境の分析を踏まえ、社内のフロント部門の意向を反映させながら、最終的に外部のステークホルダーも会社・事業の推移を理解してもらうような計画であることを理想形として進める必要があります。
　作成当事者が経営者自身か経営企画室あるいは社長室等の部門であるかは、主に企業の規模によって変わってきますが、以下のようなメリット・デメリットがあります。

①経営者自身が作成する場合
　中小企業においては経営者自身が作成するケースが多いです。作成能力のある人材リソースの問題もありますが、最もビジネスのフロントにいる経営者の感覚値を数値化し、実現可能性を立証できることがメリットです。

ただ、一人、あるいは少人数で作成するため客観性に乏しい計画となるリスクも存在します。

②部門が作成する場合

大企業の場合が多いです。当該部門では全社の事業部から提出される計画を集計するとともに、実現可能性の検討・他部署間の調整を行いながら事業計画書を作成していきます。実現可能性がある程度図られる一方、ステークホルダーを意識した計画となっているかについて、疑問が呈されるリスクも出てきます。

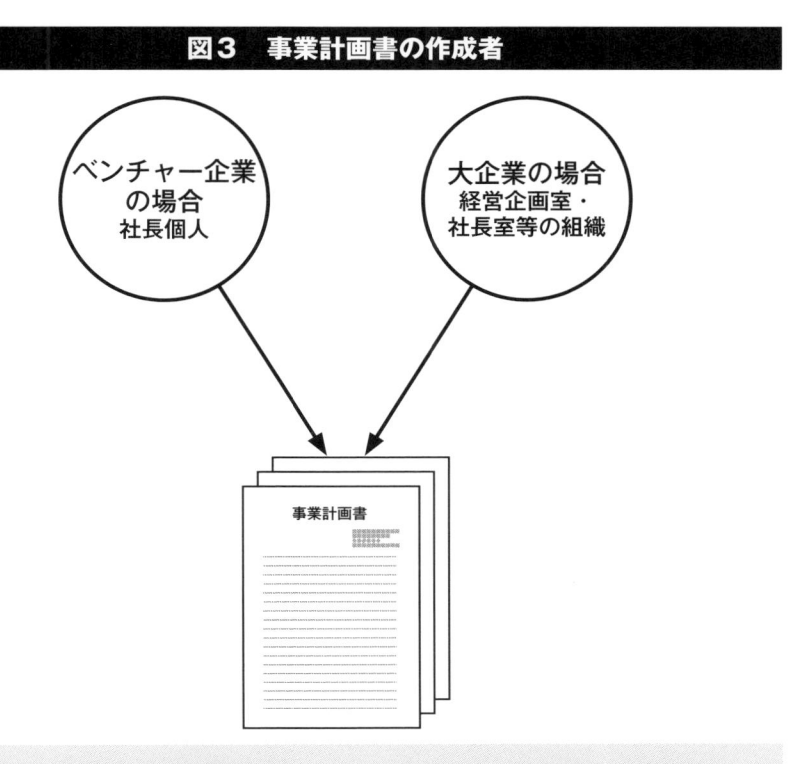

図3　事業計画書の作成者

```
┌─────────────┐        ┌─────────────┐
│ ベンチャー企業│        │  大企業の場合 │
│   の場合    │        │  経営企画室・ │
│  社長個人   │        │ 社長室等の組織│
└──────┬──────┘        └──────┬──────┘
       │                       │
       ↓                       ↓
           ┌─────────────┐
           │  事業計画書  │
           │             │
           └─────────────┘
```

オーナー系未上場企業や創業期のベンチャー企業では、社長個人にて作成される。
上場企業や会社法上の大会社においては、経営企画室・社長室等の組織で作成される。

2-2 事業計画書の利用者①

　ここでは、いわゆる「ステークホルダー」の事業計画書に対するスタンスを整理し、どのような行動原理においてチェックしているのかを、大まかに説明します。まずはファイナンス（財務）に関連する主要な当事者である「投資家（株主）」と「債権者（銀行）」について理解してください。

①投資家（株主）

　株主に代表される「投資家」は、投資を実行するに当たりリターン（配当や売却時の利益）の金額や確実性を事業計画書でチェックします。そもそも株式投資は、投資した金額を回収する手段が他のステークホルダーに比べて著しく限定されます。それは株主が会社の共同所有者としての性質を有しており、会社が立ち行かなくなったときにその清算において一番最後に残った残余財産しか回収できない立ち位置だからです。そのため、配当や売却時獲得利益の二つを軸とし、事業計画書から投資額の回収、さらにはリターンを想定していかなければなりません。

　一方で投資家は会社の共同所有者という役割も担っています。会社としては極力その判断に有用な情報を提供する必要があり、その情報の正確性（事業計画の確実な達成も含めて）を確保しながら対応していく必要があります。具体的には、配当計画、各株主の想定している売却時期での株式価値と投資時の比較を可能とする財務数値、そして、事業計画自体の達成の確実性などがチェックの主要項目であると認識しておいてください。

②債権者（銀行）

　銀行は、メインバンク制崩壊後も依然として主要なステークホルダーと言えます。彼らは貸付けた金額（元本）と貸付期間において発生する利息、手数料が確実に回収されるかどうかを事業計画書においてチェックし、業

績が拡大している場合には追加の資金需要についても確認します。

　なお銀行は貸付先に対する格付けを定期的に実施しています。この格付けは金融庁が開示している「金融検査マニュアル」に沿って銀行が個別に要件を定めています。会社は自社の格付けが事業計画によってどのように変化していくのかを見極めておく必要があります。

　また、借入の際、個別に「財務制限条項（コベナンツ）」と呼ばれる特別な条件が付されることがあります。この財務制限条項が付与されるような借入を想定している場合には、事業計画の持つ意味はより一層重要なものとなります。というのも、財務制限条項は通常、借入期間において遵守しなければならない財務指標が設定されることが多く、会社としてはこれを事業計画書でチェックしながら対応していくことが求められるためです。

　ここで特に注意しなければならないのは投資家と銀行の行動原理は全く逆という点です。どちらかの行動原理を優先すると相手方の行動原理を阻害する結果となりやすく、それが経営の不安定化を招く恐れもあります。

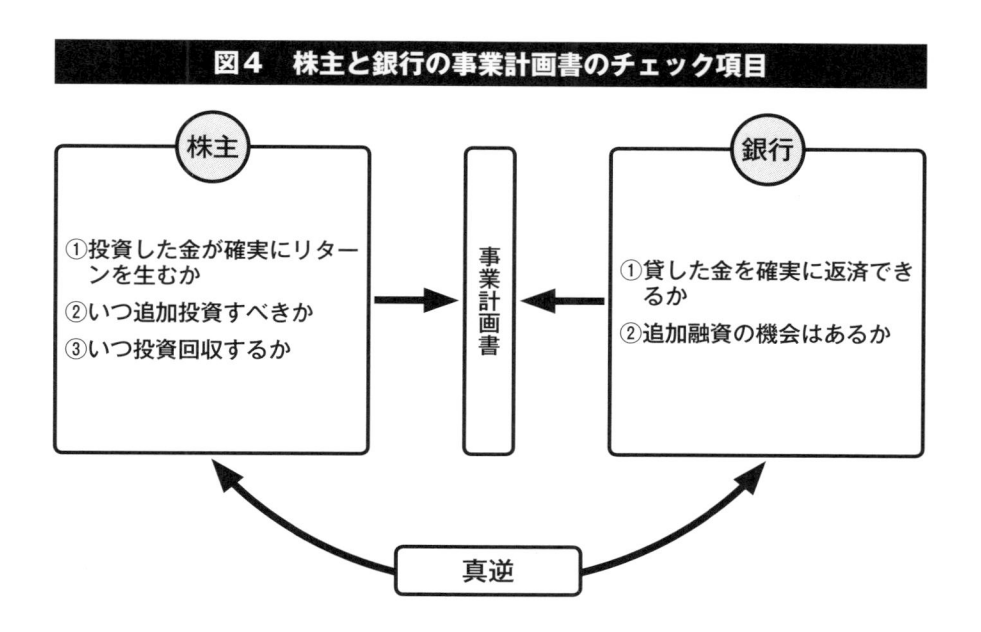

図4　株主と銀行の事業計画書のチェック項目

株主
① 投資した金が確実にリターンを生むか
② いつ追加投資すべきか
③ いつ投資回収するか

事業計画書

銀行
① 貸した金を確実に返済できるか
② 追加融資の機会はあるか

真逆

2-3 事業計画書の利用者②

　前項に引き続き「ステークホルダー」の種類ごとに行動原理から事業計画をどのように利用するのかについて説明します。

③監査法人
　監査法人はそもそも上場企業か会社法で大会社と定義づけされる企業しか監査を実施しないので、ステークホルダーとして登場するケースは想定ほど多くはありません。しかし、数年前から会計ビッグバン、国際会計基準（IFRS）準拠の動きに沿って導入された会計処理の中には、将来の事業計画をベースに検討しなければならない項目が複数存在しています（減損会計や税効果会計など）。また、そもそも「継続企業の前提に関する注記（ゴーイング・コンサーン注記、GC注記とも呼ばれます）」を開示上実施すべきかにおいても事業計画の検証は非常に重要な意味を有しています。

　監査法人は「継続企業の前提」で監査を実施してよいかの判断、また個別項目として固定資産等に適用する減損会計において減損を認識し損失額を確定するための素材として、あるいは税効果における繰延税金資産の回収可能性の検討において事業計画書を吟味することになります。

④取引先
　あまりケースとしては想定されていませんが、取扱っている商品や事業者が限定的である場合には、特にその取引継続の可能性を検討することを目的として取引先より事業計画書の提示を求められるケースがあります。仕入先であれば上記の視点に加えて債務支払能力(仕入れ代金の決済能力)の検討、販売先（得意先）であればサービスの提供能力の維持、将来の追加発注等の見込みを検討することもその理由となります。

⑤従業員をはじめとする社内関係者

　従業員をはじめとする社内関係者も立派なステークホルダーです。社内関係者に対しては、自らが所属する会社の将来戦略を理解させることで企業行動の統一を図ることが可能となる一方で、自分の将来の処遇イメージや会社経営の安定性を確認することが可能となり、所属を継続するかどうかという点からもチェックされることになります。

　このように、「ステークホルダー」の行動原理は実に多様です。事業計画はこれらの「ステークホルダー」の期待に応えうるものでなければなりません。ここで重要なことは、不都合な点について隠したり、そもそも説明しないでやり過ごすのではなく、「ちゃんと」説明し相手の理解を得ることです。一つの矛盾、コミュニケーション不足が大きな経営上の困難を誘発することは多々ありますから十分に留意して取り組みましょう。

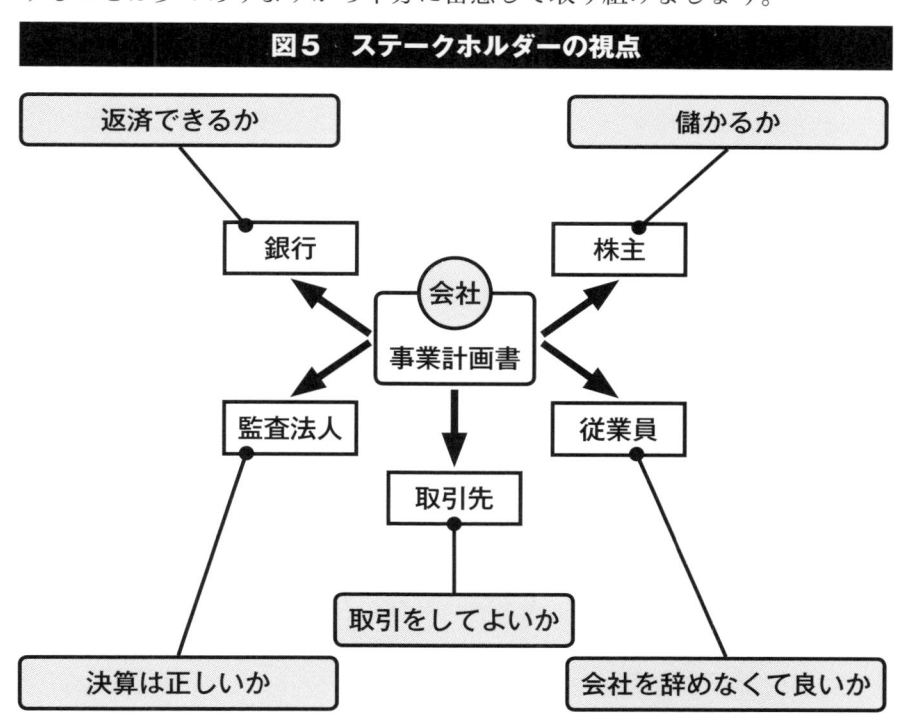

図5　ステークホルダーの視点

```
返済できるか                    儲かるか
    ↓                             ↓
   銀行         会社              株主
    ↑        事業計画書            ↑
    ↓           ↓                 ↓
  監査法人      取引先            従業員
    ↓           ↓                 ↓
決算は正しいか  取引をしてよいか  会社を辞めなくて良いか
```

2-4 投資家と呼ばれる人々

　ステークホルダーの中でも株主に代表される「投資家」の行動は、さらに分類することができます。各プレーヤーの行動原理を詳細に解説します。

①事業会社
　事業会社が投資家として参画する場合、その保有比率などでスタンスが変わってきます。マイノリティ（株式保有比率が50％以下）の場合は取引深耕、維持などの意図程度ですが、マジョリティベースになると「支配」という構図となり、相手先の連結決算の対象として明確に認知され、グループ会社とみなされます。経営の独立性はなくなりますが、その一方で投資家の信用力を得ることができます。

　提出する事業計画書は相手先の事業計画書への組み込みのほか、グループ会社としての戦略チェック、シナジー創出の機会の検討、資金拠出可能性の検討、状況によっては売却のタイミングの検討などの視点でチェックされます。

②ベンチャーキャピタル（VC）
　株式公開（IPO）後に、株式を売却しリターンを得ます。信用力の乏しいスタートアップ期から資金提供が可能な、数少ないプレーヤーです。

　ただし、IPO可能な企業であるとの審査を経る必要があるため、その実現可能性を数値化して説明するのが事業計画書であると考えてください。

　万が一IPOの可能性がなくなったときには、社内（自己株式取得あるいはオーナー買取）、社外（他の事業会社、ファンド）問わず保有株式の売却をアレンジする必要が出てきます。

　ベンチャーキャピタルは運用ファンドからその投資を実行しますので、一定の期限が設定されていることも併せて留意すべきです。

③プライベートエクイティ（PE)バイアウトファンド

　最近日本国内でも MBO（マネジメントバイアウト＝経営陣による買収）案件で、資金を支援する存在として認知度が上がっているファンドです。

　基本的には議決権の３分の２以上を取得し、経営にフルコミットするプレーヤーです。ベンチャーキャピタル同様、運用ファンドからの投資となりますので、一時的な支援先と考えるべきです。

　彼らは保有期間中に会社の企業価値を上げ、売却によってそのリターンを享受するのが投資の主目的となります。

　事業計画書は彼らにとって次の２つの位置づけを持っています。
①投資時の買取価格の算定と、投資後の企業価値向上の施策検討の素材
②売却時の売却益の最大化を図るため、企業価値の妥当性を検証する資料

　事業計画書は自社の業績の推移を公式に説明するための資料であることに加え、将来の資金需要を検討する素材になります。投資家からの出資を想定する場合には資金需要に対してどう取り組むのか、これまで述べた「ステークホルダー」の行動原理をよく理解して対応すべきです。

図6　各投資家の視点

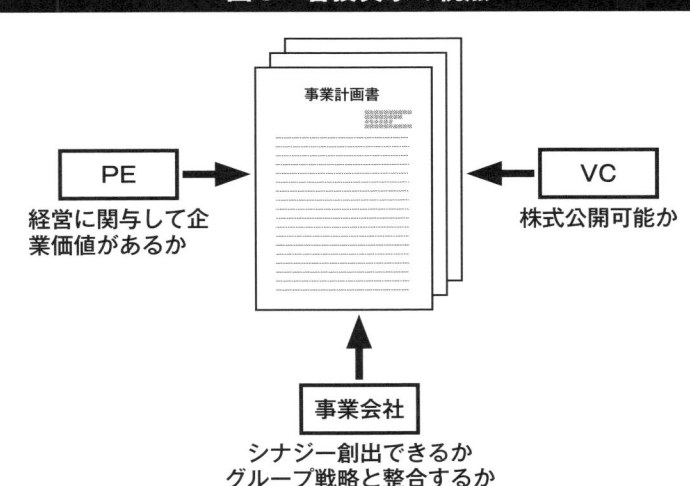

PE　経営に関与して企業価値があるか
VC　株式公開可能か
事業会社　シナジー創出できるか　グループ戦略と整合するか

第3節

事業計画書の作成プロセス概要

事業計画書は全社を挙げて取り組むべきイベントであり、実現可能性があり、作成者・利用者が納得できるものを作成する必要性があります。そのため、一定のプロセスを踏む必要があります。本節では、その概要を説明します。

3-1 経営理念、経営目標、経営戦略、事業計画の関連性

　まずは「経営理念」「経営目標」「経営戦略」「事業計画」の関連性について述べます。

　読者の方にとっては、「経営理念」「経営目標」「経営戦略」「事業計画」と聞いて、何がどう違うのかピンとこない方がいらっしゃるかもしれません。各種項目それぞれについての説明は後続のページで述べますが、全体像について本項でご説明します。

　「経営理念」「経営目標」「経営戦略」「事業計画」は、全くそれぞれ次元の異なるものです。

　まず、「経営理念」は組織の「存在意義」を表わすものです。その「存在意義」を常に実行し続けるために中長期的目線で設定された目標が「経営目標」です。

　そして、その「経営目標」を達成するために自社の状況・外部の状況を分析し、現状の自社と目標とのギャップを埋めるために策定されるのが「経営戦略」ということになります。その「経営目標」と「経営戦略」をすり合わせ文書化・数値化したものが「事業計画」です。

　すなわち、「経営理念」が最上位概念と言え、「事業計画」が最下位概念と言えるでしょう。

　これらは、どれか一つでも欠けてしまったら、企業としては良い方向には行かないでしょう。

　なぜなら、「経営理念」がなければ、「経営目標」を立てられませんし、「経営目標」がなければ、「経営戦略」を立てようがありません。また、「経営目標」がなければ、「事業計画」は意味のない数値となってしまいますし、「経営戦略」がなければ「事業計画」は実行可能性が低いものとなってしまいます。

意味のある「事業計画」を作成するためには「経営理念」、「経営目標」、「経営戦略」、全てについてきっちりと確定していくことが必要となります。

それでは、次の項からそれぞれについて詳しく述べていきます。

図7　経営理念、経営目標、経営戦略、事業計画の関連性

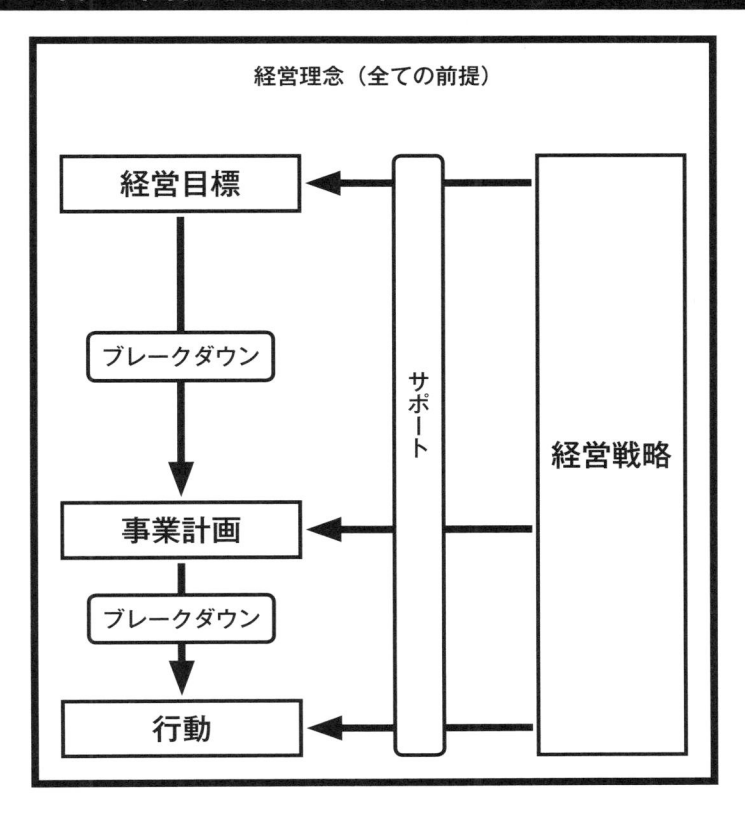

```
┌─────────────────────────────────────────────┐
│           経営理念（全ての前提）              │
│                                             │
│   ┌─────────┐     ┌──┐     ┌─────────┐      │
│   │ 経営目標 │◀────│サ│◀────│         │      │
│   └─────────┘     │ポ│     │         │      │
│        │          │ー│     │         │      │
│   ┌─────────┐     │ト│     │ 経営戦略 │      │
│   │ブレークダウン│  │  │     │         │      │
│   └─────────┘     │  │     │         │      │
│        ▼          │  │     │         │      │
│   ┌─────────┐     │  │     │         │      │
│   │ 事業計画 │◀────│  │◀────│         │      │
│   └─────────┘     │  │     │         │      │
│        │          │  │     │         │      │
│   ┌─────────┐     │  │     │         │      │
│   │ブレークダウン│  │  │     │         │      │
│   └─────────┘     │  │     │         │      │
│        ▼          │  │     │         │      │
│   ┌─────────┐     │  │     │         │      │
│   │  行動   │◀────│  │◀────│         │      │
│   └─────────┘     └──┘     └─────────┘      │
└─────────────────────────────────────────────┘
```

第1章　事業計画書の意義

3-2 経営理念

　事業計画を作る前にまずは「経営理念」の確認が必要となります。
「経営理念」とは企業が何のために存在するのかについて表したものです。
　すなわち、「経営理念」がなければ、経営者が何に基づいて経営しているかが外部・内部に対しても明示されず、十分に理解されません。また、そのような状況の元で働く従業員にとっても何に基づいて働いていけばいいかわからなくなってしまいます。

　みなさんの会社には「経営理念」があるでしょうか？
　有無にかかわらず従業員の方々に明示されていない、という状況であれば、まずは「経営理念」を作り社内で共有しましょう。
「経営理念」をどう作ったらよいのかわからないという方もいらっしゃるかもしれません。あなたが経営者の場合、あなたはなぜ起業したのでしょうか？　また、その企業で何をしたいのでしょうか？　また、何があなたにとっての喜びでしょうか。絶対にその中に「経営理念」が存在しているはずです。
　また、読者の方が経営者でなく、社員の場合には、上記の経営者の考えを推定してみてください。また、あなたは何に共感してその企業で働いているのでしょうか？

【ポイント】
・「経営理念」は会社にとっての憲法のようなものです。「経営理念」の元に会社は動きます。
・「経営理念」は社外に企業の価値観を伝える重要なツールとなります。
・「経営理念」は社内における従業員に明確に会社の方向性を指し示すことで、それに共鳴する従業員のモチベーションをアップさせると共に、企

業を同じ方向へ導くことが可能になります。

図8　経営理念と企業内部、外部への影響

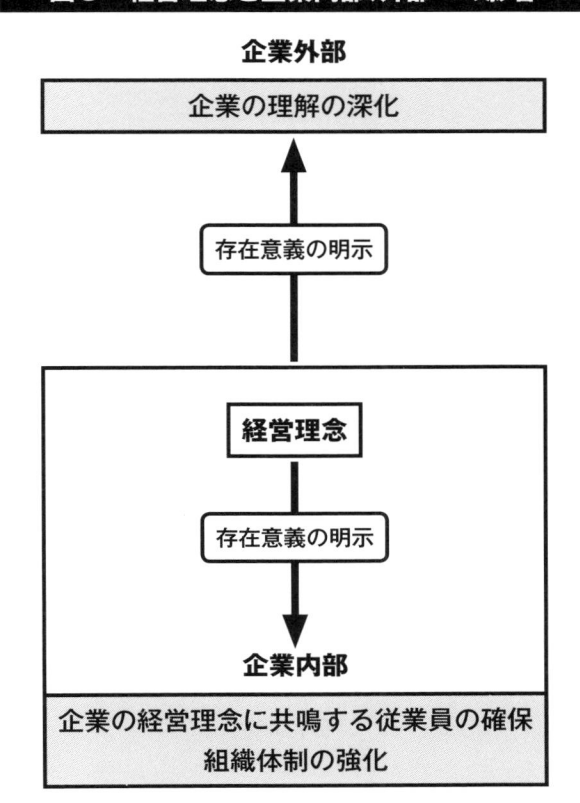

企業外部

```
┌─────────────────────────┐
│     企業の理解の深化     │
└─────────────────────────┘
             ▲
             │
       ┌───────────┐
       │ 存在意義の明示 │
       └───────────┘

┌─────────────────────────────────┐
│                                 │
│          ┌──────────┐           │
│          │  経営理念  │           │
│          └──────────┘           │
│                                 │
│         ┌───────────┐           │
│         │ 存在意義の明示 │           │
│         └───────────┘           │
│             │                   │
│             ▼                   │
│         **企業内部**              │
└─────────────────────────────────┘
┌─────────────────────────────────┐
│ 企業の経営理念に共鳴する従業員の確保 │
│        組織体制の強化              │
└─────────────────────────────────┘
```

3-3 自社の経営分析と外部環境変化の予測

「経営理念」が確認できたら、次は自社の経営分析と外部環境変化の予測が必要となります。

簡単に言い換えますと、(自社)内部の分析と(自社)外部の分析が必要になります。

内部分析の対象としては、自社の販売能力、製造能力、製商品の性能、技術力、資金調達力、従業員など多岐に渡ります。

このような項目について現状の状況を分析し、何に強みがあり、何に弱みがあるのかということを把握する必要があります。

また、外部分析としては、世界経済・日本経済の動向、自社の属する産業の構造及び動向・技術力の変化、顧客のニーズの変化、自社の属する市場の成長性、競合企業の動向、事業に関連する法令等の変更等について現状と今後の予測を行う必要があります。

このような(自社)内部の分析と(自社)外部の分析を行わずに事業計画書を作ったとしても、なんら根拠を持たないものとなり、事業計画の根底にある目標自体の適正性について検証できませんし、実行可能性についても検証されていないことになります。そのような事業計画は絵に描いた餅にしかなりません。

【ポイント】
・現状の自社の状況を把握しなければ、どのように自社を動かしていけばあるべき姿になれるかについての道筋がつけられません。
・外部環境変化の予測なしに、将来の外部環境の変化に果たして耐えられるでしょうか。

図9　企業の分析

企業	内部分析 （第2章第2節参照）	ビジネスフロー
		組織構造
		4P分析 （商品・サービス、価格、販売促進、立地・物流）
		組織力
		人材
		財務
		その他資源関係
	外部分析 （第2章第3節参照）	マクロ経済
		自社業界 （規模、トレンド、関連法規則）
		競合他社
		顧客

> 企業の内部および外部の分析を行うフレームワークとしては、他に「SWOT分析」があります。内部であれば強みと弱み、外部であれば機会と脅威を明らかにするものです。

第1章　事業計画書の意義

3-4 経営目標

　内部分析と外部分析が完了したら、「経営目標」を立てましょう（ただし、次の項で述べる「経営戦略」と同時に策定する場合もありますし、「事業計画書」の作成と同時に策定する場合もあります）。
　「経営目標」とは、「経営理念」の元で企業が中長期（3～5年）的に設定する目標のことです。
　内部・外部分析により明らかになった自社の状況と将来の市場規模予測等から、自社としてどこまで売上を伸ばしたいか（伸ばせるか）、シェアを獲得したいか（獲得できるか）、利益はどの程度にしたいか（すべきか）、それが「経営目標」になります。
　必ずしも今挙げたような売上、利益、シェアなどに「経営目標」は限定されるものではありません。顧客数でも良いでしょうし、従業員数でも良いかもしれません。あくまでそれが自社の「経営理念」に即していれば、何を「経営目標」としても良いと考えます。
　言い換えれば、「経営目標」を達成すれば、「経営理念」の遂行になるのであれば、それで問題ないということになります。
　なお、「事業計画書」をトップダウンで作成する場合には「経営目標」は必ず立てられます。なぜなら、「経営目標」が明示され、それを達成するために各部署に「経営目標」をブレークダウンした目標値が割り振られます。その目標を達成するように各部署が「事業計画書」を作成する、という流れとなるためです。
　それに対し、積み上げ方式で「事業計画書」を作成する場合には、「経営目標」が明示されない場合もあります。
　なぜなら、各部署が「事業計画」を作成し、その集計の結果が企業としての「事業計画書」となるため、「経営目標」を明示せずとも「事業計画書」の作成が出来てしまうからです。

しかしながら、積み上げ方式で作成された「事業計画書」が経営者の考えている「経営目標」に合致していなければ、再度大幅な修正が行われる場合もあります。

作業効率の観点から、「経営目標」の明示を行うとともに、各部署の作成する「事業計画」の状況を把握する必要があります。

【ポイント】
・内部分析、外部分析を踏まえて「経営目標」を設定することが、「経営理念」の遂行へと繋がります。
・「経営目標」は売上、利益に限らず、「経営理念」に即した指標を設定しましょう。

図10　内部、外部分析と経営目標

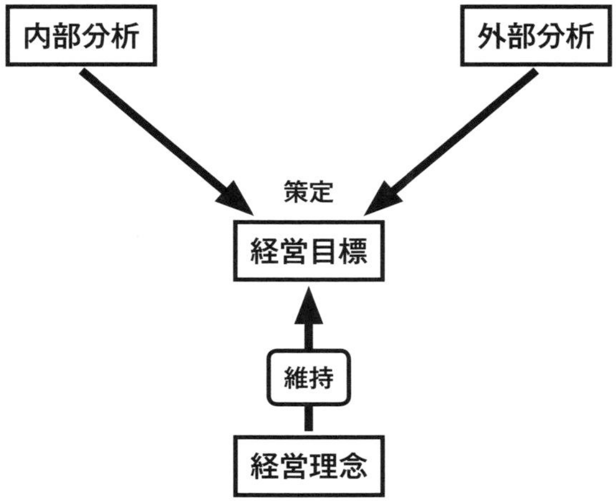

```
  ┌──────┐           ┌──────┐
  │内部分析│           │外部分析│
  └──────┘           └──────┘
       ↘   策定   ↙
        ┌──────┐
        │経営目標│
        └──────┘
            ↑
          維持
        ┌──────┐
        │経営理念│
        └──────┘
```

3-5 経営戦略

「経営目標」が設定できたら、次は「経営戦略」の策定です。
「経営戦略」とは、簡単に言うと「経営目標」を達成するために何をすれば良いか表したものです。
　たとえば、現状の利益が1億円で「経営目標」における5年後の利益が20億円の場合、その企業が採るべき戦略は何でしょうか。利益を20倍に増大させるためには、当然売上を増加させる必要がありますし、コストをいかに削減するかも必要となります。
　また、売上を増大させるためには大規模な設備投資を行う必要が生じ、それに伴い、資金が必要となります。これらの売上増大やコスト削減、資金調達等についてどのような方向性で実行すれば良いでしょうか。これを考察することが「経営戦略」となります。
　たとえば以下の様なものです。
・売上を増加させるために、顧客への販売単価を維持し顧客数を数倍にする（値上げは顧客を失う危険性が高いためボリュームを重視する）
・販売コストを増やし売上の増加を狙う
・本社所在地がどこでも売上の低減要因とならない場合には、本社を移転して賃貸コストを大幅に削減する
・借入は倒産確率を上昇させることになるため資金調達は借入ではなく、既存株主から10億円追加出資を受ける

「経営戦略」は最終的に経営行動のベースとなる事業計画書作成と関連性を持つため様々な観点での検討が必要となります。
　実現可能性を確保する観点からは当然、関連する部署と一緒に戦略を策定する必要があります。
　関連部署と共に戦略を策定することで、実現可能性の検討と共に、当該

戦略を実際に組織として実行するためにどのような段取りで進めていくのか、いつどのようなタスクを実行しなければならないかについて明らかにすることができます。

なお、関連部署が複数にわたる場合もありますので、その場合には複数の部署と同時に検討を行う必要性が生じます。

【ポイント】
・「経営戦略」は「経営目標」を達成するための戦略です。
・「経営戦略」は関連部署と一緒に策定する必要があります。

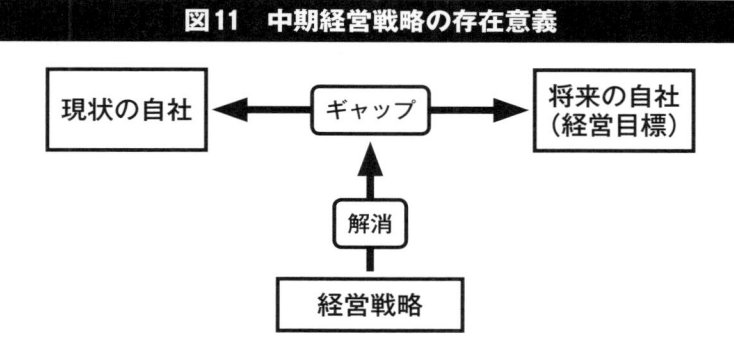

図11　中期経営戦略の存在意義

現状の自社 ←ギャップ→ 将来の自社（経営目標）
↑
解消
経営戦略

> 経営戦略は経営目標を達成するための行動指針であり最終的に事業計画書に反映されるものです。事業計画書作成の基礎とも言える作業ですから、しっかりと策定しましょう。

3-6 事業計画

「経営戦略」の策定が完了したら、その後「事業計画書」の作成となります（会社によっては経営戦略の策定と事業計画書の作成を同時に行う場合もあります）。

「事業計画」とは、「経営戦略」を損益計算書、貸借対照表、キャッシュフロー計算書（資金繰り）の各フォームに「計画」として表したものです。

「経営戦略」の検討段階で、「経営目標」を達成するために、いつ何をどのように実行するかがすでに決定されているはずです。

それを文書化・数値化したものが「事業計画」なのです。

「事業計画」は通常、セグメントごとに分解されています（特に損益計算書）。このセグメントの区分方法は企業によって異なります。

顧客別、（顧客の）地域別、（店舗の）地域別、製商品別、事業別などなど、企業が通常管理するセグメント別で「事業計画」が作成されます。

損益計算書以外はセグメント別に企業グループが分かれていない場合はそのように細かく管理はしないことが多いですが、資金繰り等、重要なものについては詳細な管理をした方が良いでしょう。

これは、まとめて管理するとセグメントごとの実態が見えず、経営判断を誤る可能性があるためです。

このようなセグメントで分かれた「事業計画」は各部門の行動指針になるとともに、業績評価の基準にもなります。

一方、株主や銀行等の外部のステークホルダーにとっても「事業計画」は会社の業績評価の基準となります。

【ポイント】
・「事業計画」は「経営戦略」を元に自社がどう行動するかを文書化・数値化したものです。

・「事業計画」は社内の行動指針になると共に、経営者の業績評価の基準となります。

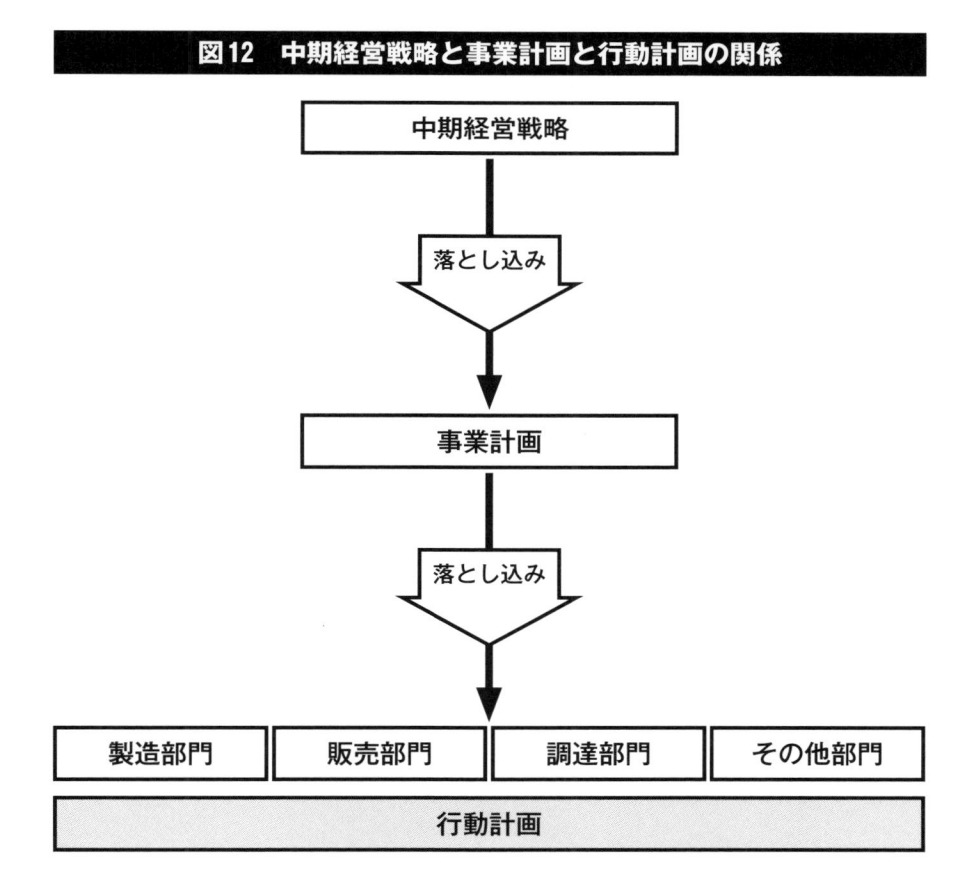

図12　中期経営戦略と事業計画と行動計画の関係

```
        ┌──────────────┐
        │  中期経営戦略  │
        └──────────────┘
               │
           ▽ 落とし込み
               │
        ┌──────────────┐
        │    事業計画    │
        └──────────────┘
               │
           ▽ 落とし込み
               │
┌────────┬────────┬────────┬────────┐
│ 製造部門 │ 販売部門 │ 調達部門 │その他部門│
├────────┴────────┴────────┴────────┤
│              行動計画              │
└───────────────────────────────────┘
```

コーヒーブレイク①　「いけてない」事業計画書

　弊社は財務会計系のコンサルティング会社として、これまでに多くの企業の事業計画をチェックしたり、私たち自身がクライアント企業の事業計画書を作成するお手伝いをしてきました。その経験を踏まえ、巷でよく見かける「いけてない」事業計画書について述べてみたいと思います。

①損益計画しかない
　一番よく見かける「いけてない」パターンです。中には営業利益までしかないものもよく見かけます。これでは各ステークホルダーに対する説明資料として不十分であるうえ、相手からすれば事業、財務戦略を十分に検討したものでないことがまるわかりです。
　投資家や銀行に対する開示可能性、そして将来も含め交渉する場面が想定される場合において貸借対照表（B/S）計画（あるいはせめて「設備投資計画」）、キャッシュフロー（資金繰り）計画は必須となることを理解していただきたいと思います。

②売上推移に対する説明しかない
　これも①と同様の趣旨です。売上を維持し、拡大するだけが事業戦略ではありません。運営するための人員と設備投資がバランスよく配置されていなければなりません。
　さらには、企業経営に問題が生じた際に、どういう施策が打てるのかを事業計画の説明で補足していく必要もあります。

③過去実績と連動していない
　これもよく見かける「いけてない」パターンです。
　将来の「夢」と現実の間を合理的に数値化して説明していくのが事業計画書であるとすれば、まずベースとなる足許についての検証がなければなりません。過去実績のトレンドが説明されていないと、事業計画の実現可能性という重要な要素が最初から崩れてしまいます。

④財務会計・予算体系と連動していない

　事業計画書は中長期的な事業戦略を数値化して示したものですが、この実現可能性を高め、かつ各ステークホルダーに対しその進捗を適切に報告していくうえでは、毎年設定される予算との連動性が確保されていなくてはいけません。実はここに大きな問題をはらむ「いけてない」事業計画が意外に多く存在しています。

　それは、「財務会計項目と連動していない」事業計画書が多く存在しているという事実です。

　信じられないかもしれませんが、この現象は大企業から中小企業まで企業規模を問わず存在します。

　大企業の場合は、事業計画策定と予算編成、管理を行う経営企画部門と、財務会計ベースの実績集計を行う経理部門が分離しており、その間のコミュニケーションに問題がある場合に生じやすいといえます。

　中小企業の場合は、オーナー兼社長が特に管理系の知識を持たず、自社の財務・経理等の管理体制を理解しないまま、外部圧力によって仕方なく自分で事業計画書を作成してしまった場合などに生じやすいようです。

　対外的に説明した事業計画書の項目立ては、そこからブレイクダウンされ、月次で管理される予算体制とまず連携が確保されていなければなりません。

　また、月次において適切かつ信頼性の高い実績情報を集計するには経理部門の協力が必須です。なにも事業計画書を財務会計ベースでそのまま提示する必要はありません。

　ただ、財務会計ベースでの体系を集約、整理するルールを事業計画策定当初の時点で決めておかないと、計画と実績集約の効率化が図られず結果として非常な不効率を生じさせることもありえることを理解していただきたいと思います。外部に対しては計画と実績の乖離要因を適切に説明しなければなりません。

　非効率なだけであればまだしも、この未整備が原因で借入に関して生ずる財務制限条項を遵守できなかったりすれば目も当てられません。

第2章

事業計画書作成
のための準備

第1節
自社の方向性を決める

第1章では、事業計画書の持つ意義と作成におけるプロセスの概略を説明しました。この節では、「経営理念」「経営目標」「経営戦略」の具体的な検討を踏まえ、「事業計画書」作成に至るまでのプロセスを具体的に説明します。

1-1 経営理念、経営目標の確認

　まずは「経営理念」と「経営目標」の確認です。「経営理念」及び「経営目標」は経営者が示すものであるため、両者共に経営者による最終確認が必要となります。

【ステップ】
①「経営理念」の確認
　経営者に対し「経営理念」の有無、及びその理念の詳細についてヒアリングを行います。
②自社の経営分析（第2節参照）、外部環境の予測（第3節参照）の実施と報告
　自社の経営分析と外部環境の予測について調査を実施し、経営者へ報告を行います。
③「経営目標」の確認
　「経営理念」及び経営分析、外部環境予測を踏まえ、経営者がどのような目標（曖昧でもかまいません）設定を考えているのかヒアリングを行います。
④「経営目標」の明確化
　これまでのプロセスを経由し客観的「経営目標」の設定を検討します。

【ポイント】
・「経営理念」及びその背景について理解しましょう（これが理解できなければ、各部の行動指針となる事業計画が「経営理念」に則ったものになるとは限らないため）。
・「経営目標」は最終的に誰にでもわかるよう、客観的な数値を設定しましょう。

図13　経営目標の設定例

種別	経営目標の例
金額	売上500億円、営業利益50億円
	既存事業売上100億円、新規事業売上20億円
比率	海外売上割合80%
	営業利益率10%以上
	ROE8%以上
	自己資本比率50%
その他	シェアNo.1

> 経営理念とは、ソフトバンクの「情報革命で人を幸せに」のように会社の存在意義を表したものです。一方、経営目標とは、上の図に掲げたような数値を伴うものとなります。

1-2 経営戦略の策定と各部署への共有

「経営目標」が完成したところで、次は「経営戦略」の策定です。
　次のページに事業計画書作成までのスケジュール例を記載していますので、そちらを参照しながら流れを理解してください。

【ステップ】
①「経営戦略」素案の作成
「経営目標」と現状との乖離を踏まえ、「経営戦略」の素案を作成しましょう（経営者が詳細に作成している場合もあります）。
②「経営戦略」の承認
　作成した「経営戦略」の素案について、「経営者」とディスカッションし、方向性を確認します。
③周知資料の作成
「経営目標」と「経営戦略」を各部署へ周知させるための資料を作成しましょう。
④「事業計画書」作成依頼のためのフォーマット作成（第3章参照）
　各部署へ「事業計画書」の作成を依頼するためのフォーマットを作成しておきましょう。また、作成のためのマニュアルも一緒に作成しておきましょう。
⑤キックオフミーティングの設定・実施
　経営者から「経営目標」や「経営戦略」について各部署の上長へ話をした方が経営者の考えが伝わるため、そのためのキックオフミーティングを設定・実施をしましょう。その際、③で作成した資料と④で記載したフォーマットを提示します。

【ポイント】
・各部署を横断するような事項がある場合には、共有のためのミーティングを適宜実施し、各部署で齟齬の生じることのないように、あらかじめ配慮しましょう。

図14　事業計画書作成スケジュールの例

		経営企画部内	対経営者	対各部署	対全社
1ヶ月後	第1週	・内部分析	・「経営理念」の確認	—	—
	第2週	・外部分析		—	—
	第3週	・内部分析、外部分析結果の報告書まとめ	・内部分析、外部分析結果の報告	—	—
	第4週		・「経営目標」の確認 ・「経営戦略」の確認	—	—
2ヶ月後	第1週	・「経営目標」、「経営戦略」のまとめ資料作成 ・「事業計画書」フォーマット作成	・キックオフミーティングの実施	・「経営目標」、「経営戦略」及び「事業計画書」作成の通知 ・キックオフミーティングの実施	—
	第2週	—	—	—	—
	第3週	・「事業計画書」の回収、整合性確認	—	・「事業計画」ミーティングの実施	—
	第4週	・「事業計画書」の集計、「経営目標」、「経営戦略」との整合性確認	—	・「事業計画書」修正依頼	—
3ヶ月後	第1週	・「事業計画書」の再回収、整合性確認	—	—	—
	第2週	・「事業計画書」の再集計、「経営目標」、「経営戦略」との整合性確認	—	—	—
	第3週		—	—	—
	第4週	—	・「事業計画」の承認	—	・全社発表

1-3 取りまとめと修正

　各部署の「事業計画書」の作成期限が来たら、取りまとめと調整を開始します。

【ステップ】
①「事業計画書」の回収とミーティングの実施
　各部署の「事業計画書」を回収します。ミーティングまでに「事業計画書」の疑問点を洗い出しておき、ミーティングにおいてその疑問点の解消を図ります。
②各部署の「事業計画書」の整合性確認
　各部署の「事業計画書」について齟齬がないか確かめます。また、実行可能性に問題がないか確認します。そのような場合には修正を依頼します。
③「事業計画書」の集計
　各部署の「事業計画書」について集計を行い、企業（または企業グループ）としての「事業計画書」を作成します。
④「経営目標」、「経営戦略」との整合性の確認（第3章第7節参照）
　集計した「事業計画書」の結果が「経営目標」を達成しているものか、「経営戦略」と合致しているか確認します。もし、そうではない場合には、関係部署へ修正を依頼します。
⑤「事業計画書」の再入手
　修正後の「事業計画書」を再入手し、上記②〜④を再実施します。
⑥「事業計画書」の完成、承認、全社へ発表
　問題なければ、「事業計画書」について経営者の承認を取り、全社へ発表します。

【ポイント】
・何度も修正が必要になるため、修正期間をあらかじめ予定に入れておきます。

図15　経営目標・経営戦略及び各事業計画のチェック

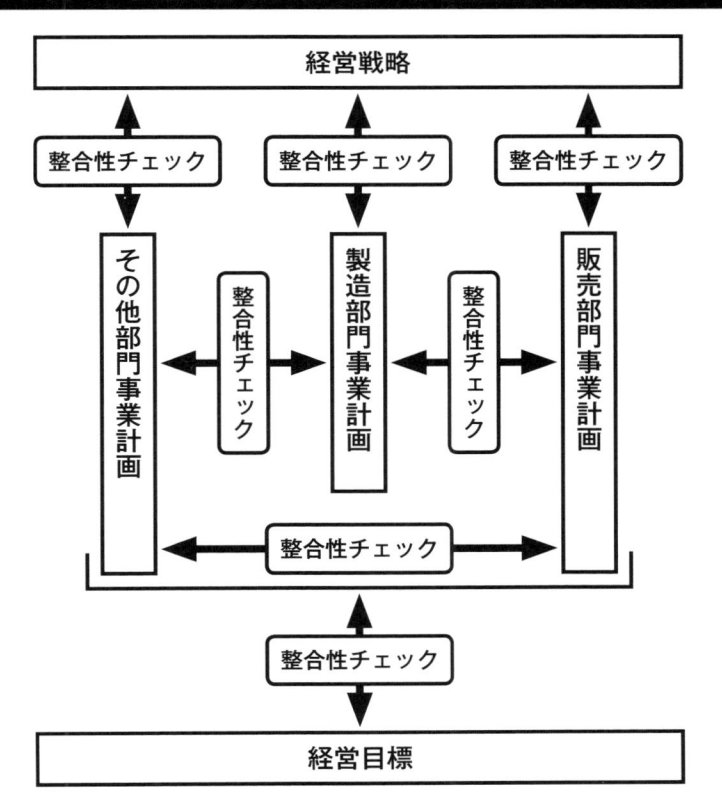

```
                    ┌─────────────────────────┐
                    │      経営戦略           │
                    └──▲────────▲────────▲───┘
                       │        │        │
                  ┌────┴───┐┌───┴────┐┌──┴─────┐
                  │整合性  ││整合性  ││整合性  │
                  │チェック││チェック││チェック│
                  └────┬───┘└───┬────┘└──┬─────┘
                       │        │        │
        ┌──────┐  ┌────┴───┐   │    ┌────┴───┐  ┌──────┐
        │その他│  │製造部門│   │    │販売部門│  │      │
        │部門  │◄─┤事業計画├──◄┼►──┤事業計画├─►│      │
        │事業  │  │        │   │    │        │  │      │
        │計画  │  │        │   │    │        │  │      │
        └──┬───┘  └────────┘   │    └────────┘  └──┬───┘
           │                                         │
           │         ┌─────────────┐                 │
           └────────►│整合性チェック│◄────────────────┘
                     └──────▲──────┘
                            │
                     ┌──────┴──────┐
                     │ 整合性チェック│
                     └──────▲──────┘
                            │
                     ┌──────┴──────┐
                     │  経営目標   │
                     └─────────────┘
```

第2章　事業計画書作成のための準備

第2節

自社の経営分析

事業計画書の策定にあたり、準備段階として重要なのは自社の現状を正しく理解することです。完全な新規サービスを除く、ほとんどの施策は現状の商品やサービス、企業活動などを改善する活動となります。したがって、その基礎となる現状の情報を、正確かつ広範に集められていなければ、どのような知恵や努力をしても、結果に結びつかない計画を立ててしまうことになります。

本節ではそのような観点から、自社の現状を把握するために必要な活動をまとめています。

2-1 ビジネスフロー

　事業構造全体図の作成を行うことで、事業全体感の理解とまとめをし、事業構造の理解に漏れが出ないようにする必要があります。そのためにはビジネス全体の流れを次ページのような図に起こすのが効果的です。

【ステップ】
①主な売上と費用の把握
　売掛先、買掛先、部門費用、売上明細等の資料を確認し、自社の主な売上と費用として何が発生しているかを把握します。
②取引関係者の把握
　①に基づき自社の取引先の種類（一般消費者、法人名、業界名等）を表計算ソフトでリスト化します。
③主な売上とその構造の把握
　自社と②で作成した名称との間で、自社が販売している売上の内容（名称、単価、数量、発生金額）を矢印で結び記載します。
④主な原価とその構造の把握
　②と同様に、発生している原価についても、その内容を矢印で結び記載します。
⑤漏れの確認
　売上やコストの実際の発生総額を取引ごとに合算し、年間発生額と比較して漏れがないか確認します。

【ポイント】
・事業構造が異なる種類ごとに作成しましょう。
・事業の中で金額が僅少な部分は原則除きましょう（ただし、許認可等資金が動かなくとも重要な点は入れる）。

・財務数値の内訳はある程度、日頃からの管理が必要です。

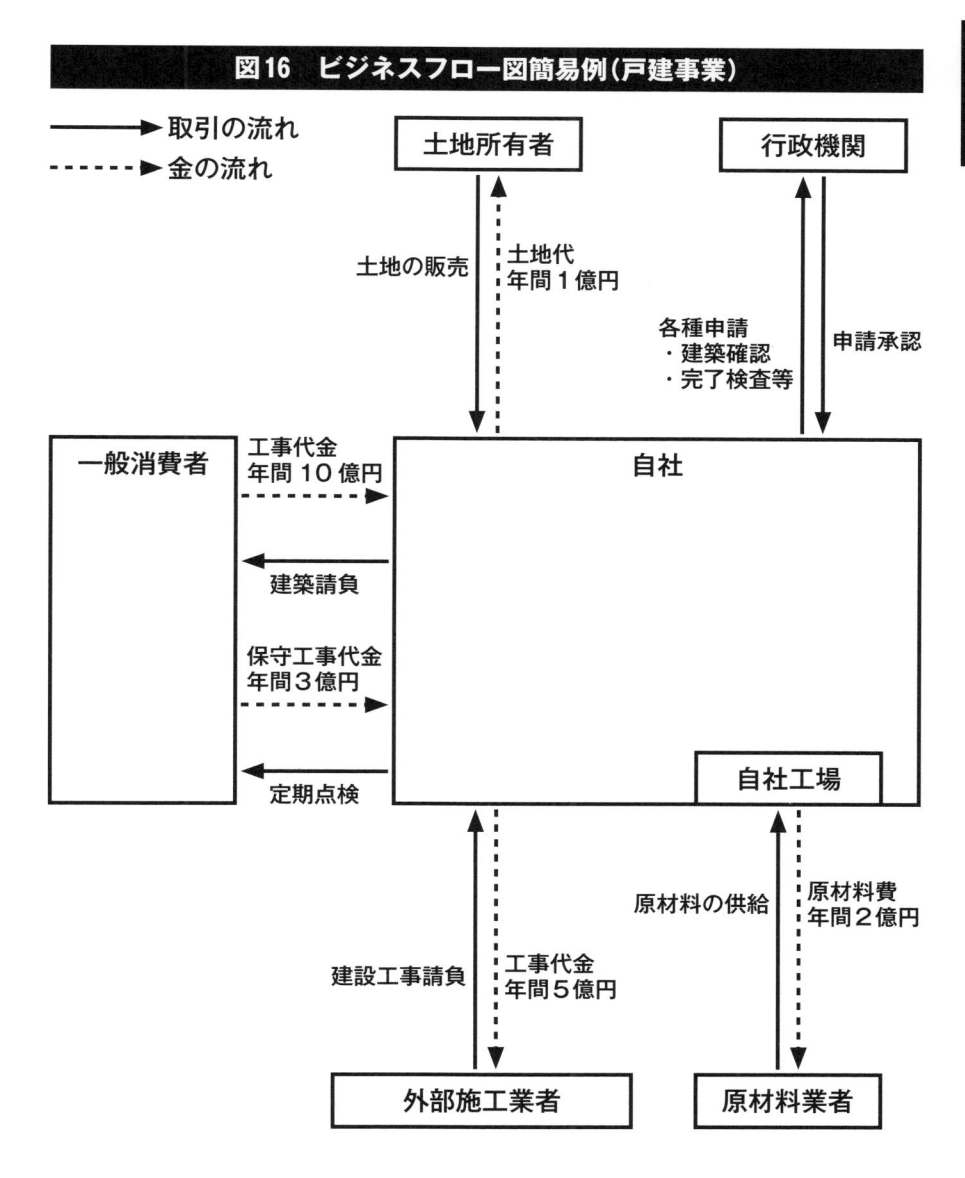

図16　ビジネスフロー図簡易例（戸建事業）

──▶ 取引の流れ
----▶ 金の流れ

- 土地所有者 ⇄ 自社：土地の販売／土地代 年間1億円
- 行政機関 ⇄ 自社：各種申請・建築確認・完了検査等／申請承認
- 一般消費者 ⇄ 自社：工事代金 年間10億円／建築請負
- 一般消費者 ⇄ 自社：保守工事代金 年間3億円／定期点検
- 外部施工業者 ⇄ 自社：建設工事請負／工事代金 年間5億円
- 原材料業者 ⇄ 自社工場：原材料の供給／原材料費 年間2億円

第2章　事業計画書作成のための準備

2-2 ビジネスフローと組織構造

　事業全体を俯瞰し理解ができた後は、現在の組織で各部署が事業構造上のどこを担っているかを整理把握する必要があります。前項のビジネスフロー図と次ページの組織図を比較し、整理・理解しましょう。

【ステップ】
①組織図の把握
　一般的に組織図を作成している会社は多いと思われますので、そちらの組織図を用意するか、ない場合は簡単な組織図を作成します。組織図は部署役割と人員名の記載をしたものを作成するほうが先々で役に立つ資料になります。
②ビジネスフロー図との対比
　2－1で作成したビジネスフロー図の各部分について、自社内のどの組織が実行しているのかを比較していきます。この際、役割が抜けている部分が見つかる場合も多いため、見つかった点は修正します。
③部署による重要部分の特定
　②のステップによって、各部署がどういった部分で重要なのかを理解します。主には、販売の要の部署がどこか、コストが多額に発生する部署がどこか、フロント（営業・生産等の現場における）活動なのか、ミドル（管理部門業務以外の社内運営・業務）活動なのか等を整理・理解します。

【ポイント】
・各部署が日常的に行っていることの整理を必要とします。
・各部署が事業構造の中でどの位置付けであるかを理解しましょう。

図17　組織図と役割

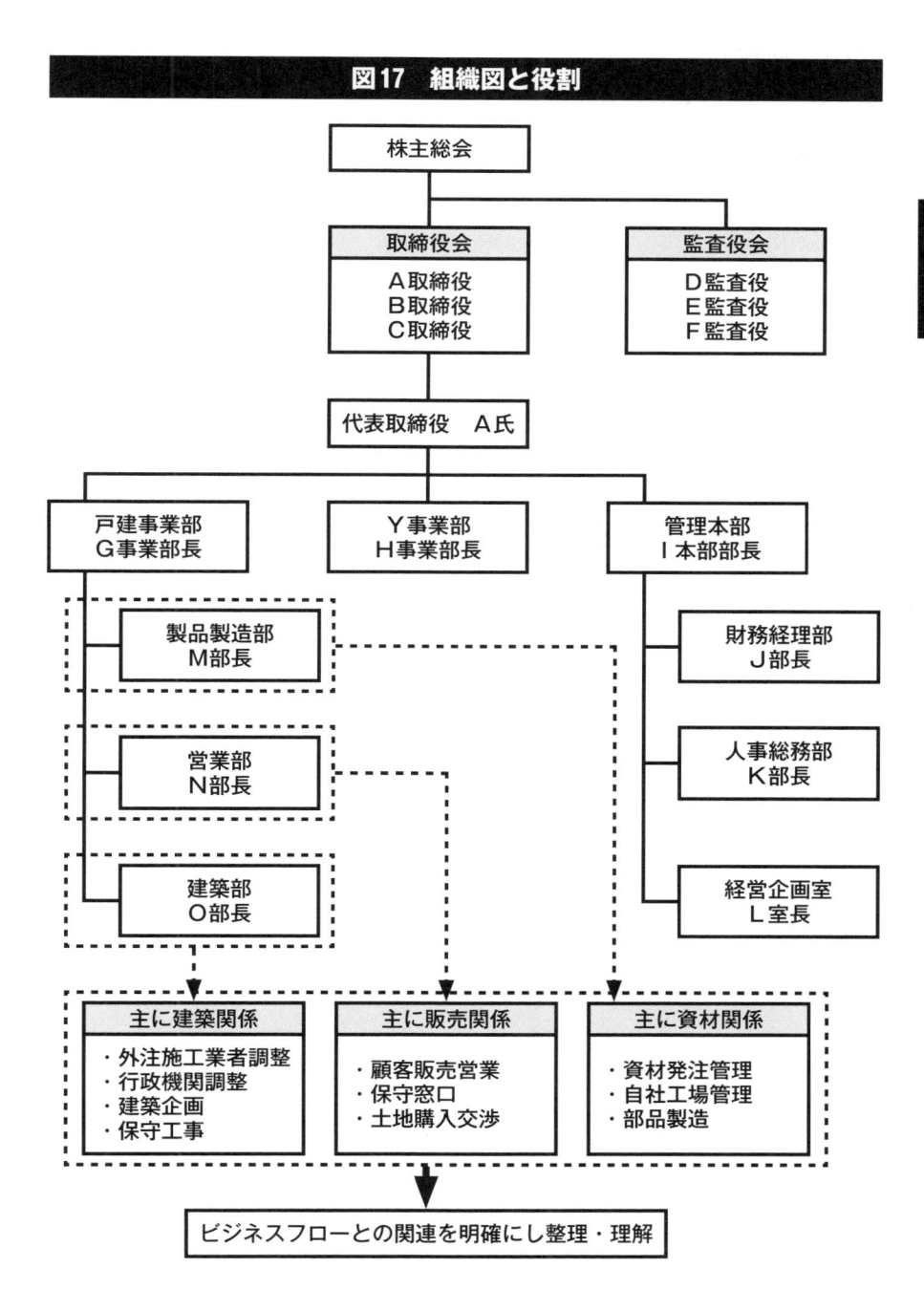

```
                        株主総会
                           │
              ┌────────────┴────────────┐
          取締役会                    監査役会
         A取締役                     D監査役
         B取締役                     E監査役
         C取締役                     F監査役
              │
       代表取締役　A氏
              │
   ┌──────────┼──────────┐
戸建事業部    Y事業部     管理本部
G事業部長   H事業部長    I本部部長
   │                        │
   ├── 製品製造部            ├── 財務経理部
   │    M部長               │    J部長
   │                        │
   ├── 営業部                ├── 人事総務部
   │    N部長               │    K部長
   │                        │
   └── 建築部                └── 経営企画室
        O部長                    L室長
```

主に建築関係	主に販売関係	主に資材関係
・外注施工業者調整 ・行政機関調整 ・建築企画 ・保守工事	・顧客販売営業 ・保守窓口 ・土地購入交渉	・資材発注管理 ・自社工場管理 ・部品製造

↓

ビジネスフローとの関連を明確にし整理・理解

第2章　事業計画書作成のための準備

2-3　4P分析

　自社の事業構造と組織構造を俯瞰して把握した後は、販売している自社商品についてのより詳細な整理・理解が必要になります。その際には、マーケティングのフレームワーク手法の1つ「4P分析」が便利です。

【ステップ】
①商品・サービス(Product)
　自社の提供する商品・サービスについて、どういった価値を顧客に提供しているかをまとめます。
　これについては実際に自ら利用するか、高額の場合は利用者からのヒアリング等外部の声も含めて確認をすると効果的です。
②価格(Price)
　①の効果を得るために支払う対価です。継続サービスや保守などがかかる場合、総合的にいくらかかるのかを把握する必要があります。
　こちらは価格表等が社内にあるのが一般的なので入手します。
③販売促進(Promotion)
　宣伝関係の部署がある会社であれば、そちらへの確認でほとんど把握できます。ない場合は、営業部への聞き取りや広告宣伝費コストの内訳等を確認し、ホームページや販促物等現物を入手します。
④立地・物流(Place)
　製品の製造や仕入の後、倉庫から顧客に届くまでの物品等の流れを追いかけることで把握できます。
　また、提供場所の店舗等を実際に視察して、状況を確認します。

【ポイント】
・構造の異なる商品、サービスごとに確認しましょう。

- 実物や実際サービスを直に利用して確認しましょう。
- 社内管理の流れ等、実際の現場を確認しましょう。
- 下の図のような形で一覧性のあるまとめ資料を作成するとよいでしょう。

図18　4P分析

~4P分析とは~
　4P分析とはマーケティングについてのフレームワークの手法の一つである。商品やサービスを顧客志向で売り手側の観点を4つに整理し、どのような商品・サービスであるかを理解する。現状理解のための情報分析であり当該情報の集約の結果を、設定した目的に活用することが重要となる。
　事業計画書の準備段階において、自社分析や他社分析は商品・サービスの情報を整理するのに適しており、その後の改善施策等、事業計画の核の部分の検討につなげるものとなる。

【Product】
商品やサービスそのものの提供する価値、機能、効果
- 本質的な価値
- 機能や効果
- 補助的な機能や附帯サービス
- 提供形態
- 品質
- ブランド
- デザイン

【Price】
商品やサービスを提供する上で買い手に発生するコスト
- 販売価格
- 支払条件
- 割引条件
- PLUから見た価格戦略
- 保守メンテ費用

※PLU：商品ライフサイクル

【Promotion】
商品やサービスをどのようにして買い手に知らせて、購買につなげているか
- 広告宣伝活動
- 販促活動
- 広報活動
- 販売戦略

【Place】
商品やサービスをどこでどのように顧客に対して提供し、または提供するまで管理しているか
- チャネル、形態
- 輸送
- 流通範囲
- 立地
- 品揃え
- 在庫

4P

第2章　事業計画書作成のための準備

2-4 組織力

　自社商品・サービスについての全体感が把握できた後は、その商品・サービスが自社のどのような組織力によって提供されているのかを把握します。これは今後の施策の取組内容や実現可能性に大きな影響を与えます。

【ステップ】
①得意な点の整理
　2－2で各部署が事業構造上どのような部分を担っているのかを整理していますので、各部署が担っている役割をより一般化して得意な点を見出します。得意かどうかについては、他社比較等の客観的情報が重要になります。
②不得意な点の整理
　①で得意な点を整理し、その内容について、逆ないしその外側が概ね不得意な点になります。その点を考察して、不得意な点、できない点を見出します。
③事業部人員への確認
　①、②で考察した事項について、事業部の人員への実際の聞き取りを行い、認識に相違点や認識していない事項がないかを確認します。
④組織文化の整理
　職能以外の部分での組織力として重要な点として、組織文化があります。組織文化は会社によって様々ですが、概ね「ポジティブ⇔ネガティブ」の観点から確認をします。
　新しい取り組みを恐れない文化や、勤勉な社風、スピード感のある組織等は組織力としてプラスになり、逆はマイナスになります。これは施策の実行可能性に大きな影響を与えます。

【ポイント】
・考察と実地ヒアリングの両面での確認が必要です。
・組織文化の確認が必要です。

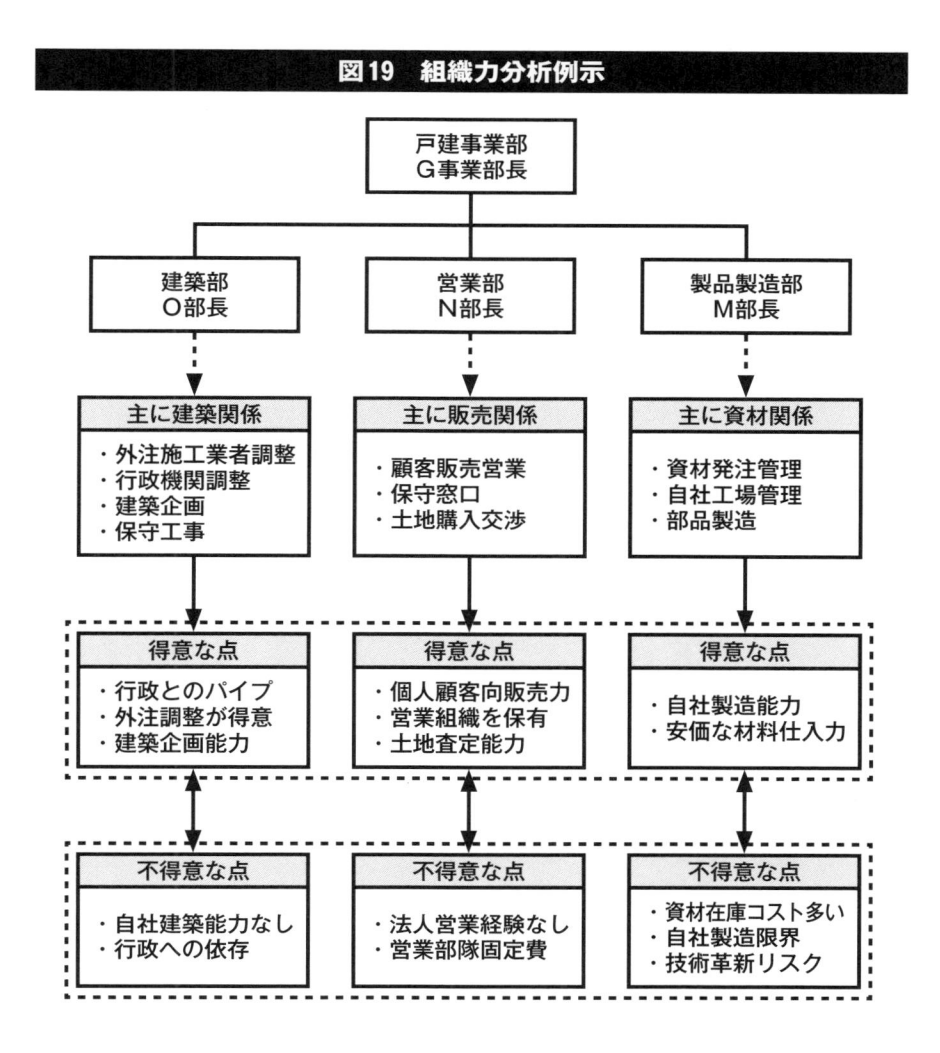

図19　組織力分析例示

```
                    戸建事業部
                    G事業部長
         ┌─────────────┼─────────────┐
      建築部          営業部         製品製造部
      O部長          N部長          M部長
```

主に建築関係	主に販売関係	主に資材関係
・外注施工業者調整 ・行政機関調整 ・建築企画 ・保守工事	・顧客販売営業 ・保守窓口 ・土地購入交渉	・資材発注管理 ・自社工場管理 ・部品製造

得意な点	得意な点	得意な点
・行政とのパイプ ・外注調整が得意 ・建築企画能力	・個人顧客向販売力 ・営業組織を保有 ・土地査定能力	・自社製造能力 ・安価な材料仕入力

不得意な点	不得意な点	不得意な点
・自社建築能力なし ・行政への依存	・法人営業経験なし ・営業部隊固定費	・資材在庫コスト多い ・自社製造限界 ・技術革新リスク

2-5 人材

　現在、提供している自社の商品・サービスが把握できたら、次にそれらを作り出している「人」を把握する必要があります。事業構造によって程度差はあるものの、「人」の重要度はいずれにとっても無視できないものであるため、人的財産の状況を整理します。

【ステップ】
①既存人員の量的な推移の把握
　まず、人員数の変遷や規模感を把握するため、部署別・月別・役職別の人員数推移を入手します。これは人事部に確認することで入手できます。人員計画の立案時に使用します。
②既存人員の質的な把握
　管理職以上の人員については、個別の人物像について性格面・能力面・風評面等を多面的な聞き取りで確認します。
　人事部等がそのような資料を経常的に収集している会社もあるので入手すると効率的です。ただし、情報の収集方法が上司からの評価に偏っている場合があるので、そのような場合は自主的な補完が必要です。計画時の施策等の実行可能性等を判断する重要な情報になります。
③既存人員の人件費の把握
　個別人員の給与情報については、情報取得に制限がかかっている会社が多いので、最低限、人事部より部署別・役職別の平均給与実績等の情報を入手します。人員計画立案時に使用します。
④新規人員獲得のための採用能力の把握
　これは主に人事部の活動の確認になります。
　新たな人員補充の要請に合理的な活動を行っているか、会社のブランドの訴求力として優秀な人材を集める力がどの程度か等を理解します。この

評価は人員計画の実現可能性に影響します。

⑤育成能力の把握

特に新卒や未経験者の採用を行っている場合、技術や知識を教える体制がどのようになっているか、実際に現場で実働するまでにかかる期間はどの程度なのかを確認します。

この評価は人員計画の実現可能性に影響します。

【ポイント】
- できうる限り多く実際の人員と会話して相手を理解しましょう。
- 人員評価情報は主観が入りがちなため、多面的に確認しましょう。
- 人員情報とともに人事部の機能の確認も行うべきです。

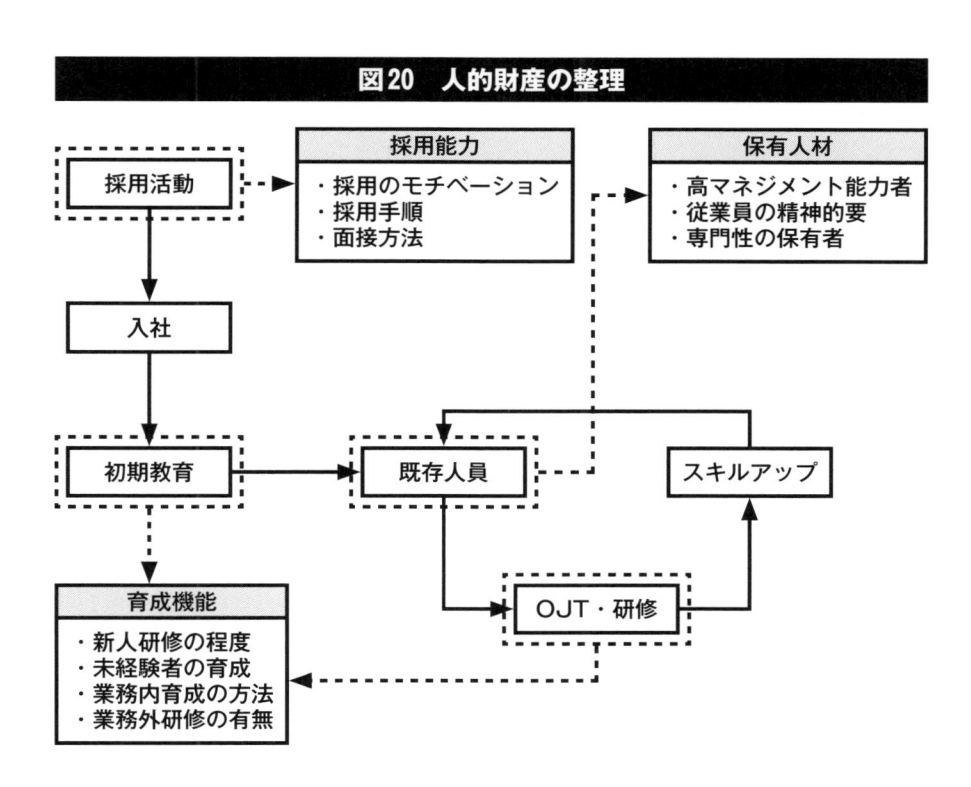

図20　人的財産の整理

採用能力	保有人材
・採用のモチベーション ・採用手順 ・面接方法	・高マネジメント能力者 ・従業員の精神的要 ・専門性の保有者

採用活動 → 入社 → 初期教育 → 既存人員 ⇄ OJT・研修 → スキルアップ

育成機能
- 新人研修の程度
- 未経験者の育成
- 業務内育成の方法
- 業務外研修の有無

2-6 財務

　事業遂行上どのような活動をする上でも資金が必要であるため、財務面での余力を把握することは、今後の施策を検討する上でも重要なファクターとなります。

【ステップ】
①資金状況の把握
　資金繰実績表から、事業において発生する剰余金の状況や、どの程度事業遂行上投資に資金投入をしているのか、借入を中心とした財務上の返済があるのかを把握します。現在の資金収支の状況が、総じて資金が不足しているのか、余剰しているのか、その金額も整理します。
②借入余力の理解
　①の状況を踏まえ、借入について余力があるのかどうかを把握します。
　企業の諸条件によって異なるものの、借入は概ね返済可能期間5年程度が最大額と想定されます。そのため、「(税引後営業キャッシュフロー－投資キャッシュフロー)×5年－既存借入額」で概算の余力が把握できます。
　また、銀行対応責任者へのヒアリングも有用です。
③手元資産の把握
　貸借対照表を確認することで、事業に使用していない余剰資産を把握します。余剰資産については、運転資金を除いた現金関係・グループ会社株式を除いた有価証券関係、遊休不動産等が当たります。有価証券や不動産については実質処分可能かどうか、概ねの換金価値を確認しておきます。
④資金余力の確認
　①～③のステップを踏まえて情報を統合し、会社全体としての資金的な余力の数値感を整理しておきます。

⑤運転資金の状況確認

事業を行うためには各種の運転資金が必要になります。以下の3点を確認し、どの程度の運転資金が必要か把握します。

計画上売上が成長していく際に必要となる運転資金の算定に用います。

・売上債権回転期間（月）：期末売上債権÷（年売上÷12）……①
・棚卸資産回転期間（月）：期末棚卸資産÷（年売上÷12）……②
・仕入債務回転期間（月）：期末仕入債務÷（年売上÷12）……③
・所要運転資金：平均月商×（①＋②－③）

⑥増資の可能性

資金の調達方法には、借入以外に株式を発行する方法があります。

小規模な企業では現実的でない場合も多いですが、実行可能かどうか、株主名簿を入手し株式持分の状況を把握しておきます。主たる株主が過半数を大きく上回る数を保有している場合は、実行の可能性があります。

【ポイント】
・余剰資産については実態を良く調査しましょう。
・銀行対応状況についての実態を良く把握してください。

図21　財務状況の把握

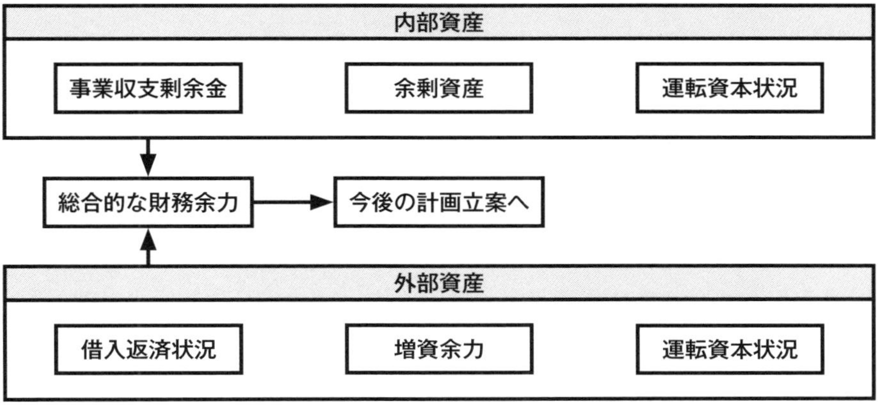

```
┌─────────────────────────────────────────────┐
│                   内部資産                    │
│  ┌──────────┐  ┌──────────┐  ┌──────────┐  │
│  │事業収支剰余金│  │  余剰資産  │  │運転資本状況│  │
│  └──────────┘  └──────────┘  └──────────┘  │
└─────────────────────────────────────────────┘
         ↓
┌──────────────┐    ┌──────────────┐
│ 総合的な財務余力 │ →  │ 今後の計画立案へ │
└──────────────┘    └──────────────┘
         ↑
┌─────────────────────────────────────────────┐
│                   外部資産                    │
│  ┌──────────┐  ┌──────────┐  ┌──────────┐  │
│  │ 借入返済状況│  │  増資余力  │  │運転資本状況│  │
│  └──────────┘  └──────────┘  └──────────┘  │
└─────────────────────────────────────────────┘
```

2-7 その他の資源関係

　会社組織には様々な経営資源が集まっており、当初予期しなかった資源が有益になる場合もあるため、「その他の経営資源」として全体的な洗い出しをおこない、計画策定時に活用するための準備をします。

【ステップ】
①知的財産権
　商標権、特許権、実用新案権、意匠権、著作権等の無形の保有資産について、現時点においての事業使用の有無にかかわらず、どのようなものを保有しているかを確認します。
　知財関係を扱う部署か、法務部、総務部等が管理しているため、こちらに確認をします。
②固定資産
　工場等各種機械装置などについては、他転用の可能性等も検討できるため、その機能や状況について、機材使用者からのヒアリング等で情報をまとめておきます。
③顧客資産
　商材のクロスセルや新規事業等を考慮する際に重要となるため、現状の事業の顧客とどのような繋がりを持つかについて情報を整理しておきます（主に営業部等に確認を行う）。
④ブランド
　自社の社名や自社保有商品名、サービス名について世の中に広く浸透している印象等を情報として整理します。
　捉えるのが難しい分野ですが、無作為のアンケート等でイメージを把握しましょう。

⑤その他

その他にどのような部分が経営資源として活用できるかわからないため、社内の人員等に広くヒアリングを実施し、活用可能なものがないか確認を取ります。

【ポイント】
・当初は利用の可否を決め付けず、広い範囲で検討しましょう。
・帳簿に載っていないものも対象として検討しましょう。

図22　その他の資源の例示

業種	経営資源	種別	活用方法例
製品製造	技術特許	知的財産	特許貸での特許料の取得
	納品取引先への販売網	顧客資産	提携先商品の販売促進
	商品の世間的な高い認知	ブランド	商品ブランドの転用による別商品雄販売の強化
飲食店経営	世間的な認知のある店舗名称	ブランド	新業態に転用することでの進出の円滑化
	料理ノウハウ	その他	コンビニ商品への転用
eコマース	高いページビュー	顧客資産	アフィリエイト広告の新規実施
	WEB店舗での販売力	顧客資産	他社商品の販売提携
ソフト開発	技術特許	知的財産	特許貸での特許料の取得
	ソフト名称の高い認知	ブランド	続編の作成による販売の安定化
コンサルティング	顧客との信頼関係	顧客資産	別サービスの紹介による紹介報酬
	難易度の高い課題への対応経験の蓄積	その他	書籍・研修等への転用
アウトソーシング業	安価な立地での人材の獲得力	その他	他業種への進出支援への転用
出版業	取次店との条件の良い契約	その他	他社合併等での効率化

第3節

外部環境の予測

　自社の行動やサービスが市場のニーズに合致していなければ、どんなに綿密な事業計画を策定しても効果は表れません。
　したがって、計画策定を実施する準備として、自社を取り巻く外部の状況について情報を把握・整理しておく必要があります。
　ただし、外部環境の把握については自社状況の把握と異なり、情報が限られていたり情報調査に多額の費用がかかったりとハードルが高くなります。
　本節では、外部環境把握の難易度を踏まえ、実際の事業計画策定においての現実的な程度での外部環境の整理把握の方法についてまとめています。

3-1 マクロ経済の把握

　昨今、グローバル化の話題が増えていますが、実際に世界市場と日本市場の双方を、販売先にできている中小企業の数はそう多くはありません。しかし、部品・材料の供給や国内の経済動向等が世界各国の状況と密接な関係を持つため、国内動向を図る上でも海外・国内の双方の状況をマクロに把握しておく必要があります。

【ステップ】
①現実的な中小企業におけるマクロ経済把握
　世の中には様々な指標が出ているものの、数も多くて日常的にすべてを追っていることは少ないと思われます。現実的には、経済関係の書籍や新聞を日常的に購読し、経済状況を感覚として理解しておくことが最も重要になります。
②世界経済指標の流れを大まかに把握する場合
　大まかに世界経済状況を把握するためには、以下のような指標があります。米国の状況は世界経済に近似します。
・米国雇用統計
　米国労働省から毎月第一金曜日に発表される統計情報。米国の景気状況を見る上で最もわかりやすい指標と言われており、市場関係者の注目度が高い情報となっている。主たる指標として、非農業部門雇用者数（NFP）と失業率がある。双方とも就労状況に関するもので、NFPは全米企業の雇用者数増減のヒアリング結果であり、失業率は家庭への直接調査による情報となる。
・米国 ISM 製造業景況指数
　米国製造業 300 社以上の購買担当役員にアンケート調査を実施して作成される景況指数。50 超であれば景気拡大傾向、50 未満であれば景気後

退傾向を示唆していると言われている。算定方法としては、新規受注・生産・雇用・入荷遅延・在庫の5項目に対して増・減・同の回答結果をもとに算出される。

・各国の経済成長率（GDP）

経済成長率とは、国内総生産（GDP）の期間比較による増減の比率。物価水準の影響を排除した実質経済成長率、排除しない名目経済成長率の二つがある。対象の国の経済成長率を見ることでその国の経済の拡大の度合いが把握できる。

・各国の消費者物価指数（CPI）

消費者物価指数とは、消費者が実際に購入する段階での商品の小売価格の変動を表す指数。対象国の物価状況を把握できます。インフレ・デフレの基調判断などには一時的影響のある分野を除いた、コアCPIが使われている。

③国内経済指標の流れの把握

国内を大まかに把握する場合は以下のような指標があります。

・日経平均株価

日経平均株価とは、日本経済新聞社が作成しており、東京証券取引所第一部に上場する銘柄のうち225銘柄（随時変更）を対象とした株価の平均値、日経225とも呼ばれている。国内経済状況を表す代表的な指標。

・日銀短観の業種判断指数（DI）

国内企業の景況感を表す指数で、日本銀行の企業短期経済観測調査にて年4回公表されている。調査は国内企業にアンケートにて実施され、収益の現状と先行きについて、「良い」「さほど良くない」「悪い」の3つから選んだ結果の「良い」「悪い」の差分をポイントにしたもの。企業の主観的な見通し感を示す。

3-2 自社業界状況の把握

　世界、国内のマクロ経済の推移状況を把握した後は、自社が属する業界についての状況を整理します。業界そのものが伸びているのか縮小しているのかを把握することは、事業計画策定の方向性を考える上で重要な判断材料になります。

【ステップ】
①業界規模推移の把握
　自社の属する業界の市場規模のトレンドを把握します。業界によって把握する方法は様々で、3－1で示したような統計データの中から業界白書や業種別統計等を利用して把握します。業種によっては必ずしもはっきりとしたデータが存在しないことも多いので、関連しそうな指標の推移等でトレンドを推計するような手法が現実的になることも多いです。

②業界トレンド
　自社の属する業界についての昨今の変化のトピックを整理します。特に新技術、サービスプラットフォームの転換等が影響する場合は重点的に調査します。情報としては、業界紙や業界雑誌等から継続的に情報を収集する必要があります。

③関連法規則動向
　関連法規の変更について、政府の法制改正の情報などから把握します。特に許認可が影響する事業や、国家資格関係が必要な事業だと場合によって大きな影響が出るので、業界紙等から情報を収集します。

【ポイント】
・**精緻な資料や数値よりもトレンドの把握が大切です。**
・**事業計画作成時だけでなく継続的な情報収集が必要です。**

・サービスや事業別に所属する業界ごとに実施しましょう。

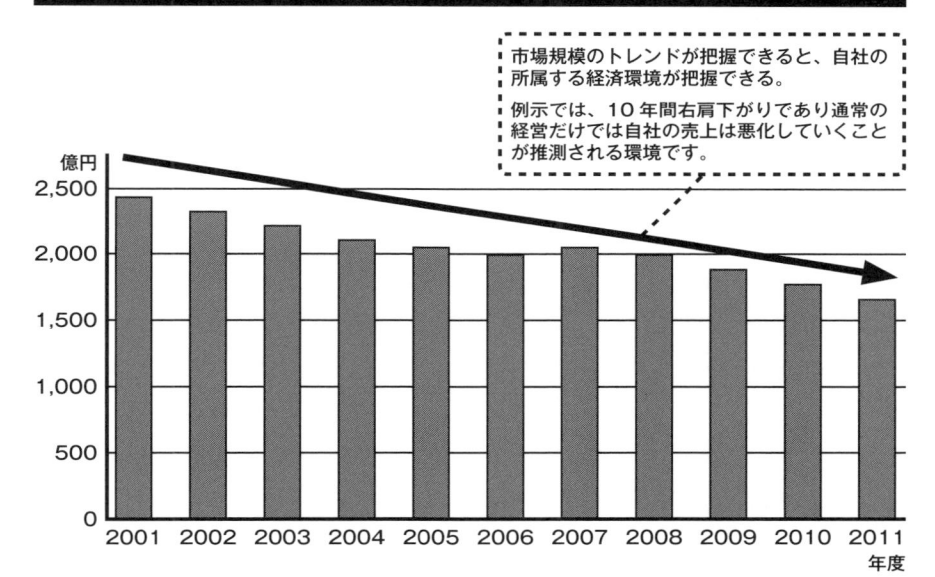

図23　自社をとりまく業界状況の把握方法

> 市場規模のトレンドが把握できると、自社の所属する経済環境が把握できる。
>
> 例示では、10年間右肩下がりであり通常の経営だけでは自社の売上は悪化していくことが推測される環境です。

（縦軸：億円、横軸：2001～2011年度の棒グラフ。2,500億円付近から1,500億円台へ右肩下がり）

市場規模の推計方法の例示と参考文献

製造業	出荷数から市場規模の推計を行います。以下のような参考文献があります。 ・「工業統計表　品目編」（経済産業省経済産業政策局調査統計部） ・「機械統計年報」（経済産業調査会）
流通業	販売額から市場規模の推計を行います。以下のような参考文献があります。 ・「商業統計表」（国立印刷局） ・商業販売統計年報」（経済産業調査会）
サービス業	サービス収入額から市場規模の推計を行います。以下のような参考文献があります。 ・「サービス業基本調査報告」（総務省統計局） ・「特定サービス産業実態調査報告書」（経済産業統計協会） ・「特定サービス産業動態統計月報」（経済産業省経済産業政策局調査統計部）
輸出入	市場規模とは別ですが、輸出入の規模調査には以下のような参考文献があります。 ・「本貿易月表」（日本関税協会）
全般	家計の支出を把握する事で、世帯数から消費規模の推計等を行う方法があります。以下のような参考文献があります。 ・「家計調査年報．家計収支編」（総務省統計局） ・「全国消費実態調査報告」（総務省統計局） ・その他業界紙、調査会社の報告、等

第2章　事業計画書作成のための準備

3-3 競合他社の把握

　自社の属する市場が把握できた後は、自社と直接的に競合状況にある他社の状況を把握します。
　ニーズに合致した製品やサービスを提供できていたとしても、それを上回るものを競合が提供していた場合、競争で負ける結果となるため、今後の対策を検討する上で重要な情報となります。

【ステップ】
①競合会社の特定
　多くの場合、日常的な事業活動の中で、競合は営業部を中心に現場の見積り等で競り合っていますので、そちらに確認をします。ただし、競合会社の存在に気づいていない場合もあるため、実際のユーザーや店舗等販売箇所でのヒアリングが重要になります。

②競合会社の事業の把握
　競合会社を特定した後は対象会社の製品やサービス状況の情報を整理把握します。情報把握の方法としては、対象会社ホームページの確認、現物の購入や利用、ユーザーへのアンケート等により把握します。
　また、対象会社自体の会社の状況については、帝国データバンクなどにより会社規模や損益概況を入手します。

③自社との差異の把握
　競合他社の情報を整理した後は、各項目について自社の状況と比較し、どこに差異や特徴があるのかを表に整理します。実際に利用したり、ユーザーへのヒアリングが効果的です。
　この際、製品サービスの機能や品質、価格等の直接的な面だけでなく、広告方法や売り方等の間接的な面も含めて比較します。

【ポイント】
・競合判断は対象としている顧客の一致を見て判断しましょう。
・日常的な情報収集が重要になります。
・比較時はカタログスペックに傾倒しないよう注意しましょう。

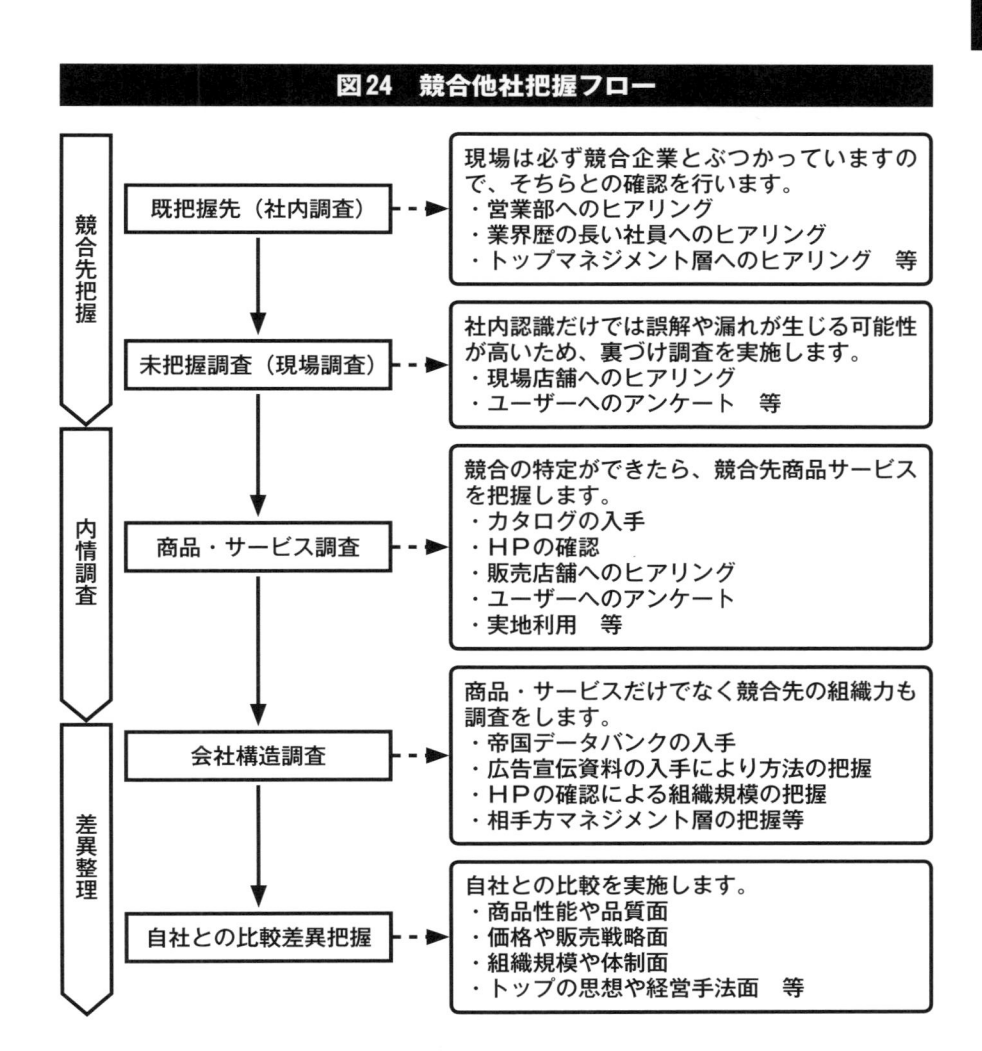

図24　競合他社把握フロー

競合先把握
- **既把握先（社内調査）** → 現場は必ず競合企業とぶつかっていますので、そちらとの確認を行います。
  - 営業部へのヒアリング
  - 業界歴の長い社員へのヒアリング
  - トップマネジメント層へのヒアリング　等
- **未把握調査（現場調査）** → 社内認識だけでは誤解や漏れが生じる可能性が高いため、裏づけ調査を実施します。
  - 現場店舗へのヒアリング
  - ユーザーへのアンケート　等

内情調査
- **商品・サービス調査** → 競合の特定ができたら、競合先商品サービスを把握します。
  - カタログの入手
  - ＨＰの確認
  - 販売店舗へのヒアリング
  - ユーザーへのアンケート
  - 実地利用　等

差異整理
- **会社構造調査** → 商品・サービスだけでなく競合先の組織力も調査をします。
  - 帝国データバンクの入手
  - 広告宣伝資料の入手により方法の把握
  - ＨＰの確認による組織規模の把握
  - 相手方マネジメント層の把握等
- **自社との比較差異把握** → 自社との比較を実施します。
  - 商品性能や品質面
  - 価格や販売戦略面
  - 組織規模や体制面
  - トップの思想や経営手法面　等

第2章　事業計画書作成のための準備

3-4 顧客購買行動変化の把握

　市場は常に変化しており、様々な技術や文化的な変化を見せます。また、自社のユーザーに関しても時間が経つにつれて対象顧客の年齢層が変化していき、若年層等とのギャップが生じることになります。
　さらに、それにあわせて各法人顧客も企業行動を変化させていくため、そのような変化に合わせるためには、幅広い顧客購買行動の変化について留意しておく必要があります。

【ステップ】
①ライフスタイル変化の把握
　直近のわかりやすい事例で言えば、携帯電話やインターネットの普及、携帯電話からスマートフォンへの変化、タブレットPCの普及等、消費者のライフスタイルを大きく変更させるサービス製品が生まれています。
　これらは自身で、日々の流行物を実際に利用して、その感覚を理解しておくことが重要になります。
②購買、解約理由の把握
　自社商品やサービス側に焦点を移すと、世の中のライフスタイル変化にあわせて購入動機や解約動機が変化していきます。そのため、過去から現在に至るそのような理由の変遷を把握しておく必要があります。これには、そういった情報の日常的な管理をしておくことが重要です。
③購買層の変化の把握
　法人顧客であれば、顧客の業態や規模等の過去からの変遷、個人顧客であれば、購買年齢層や男女比率等の過去からの変遷を把握することで、市場の中での自社の製品サービスの位置づけがどの位置に変化していっているかを把握できます。これにより当初想定していた顧客との不一致を把握します。

【ポイント】
・ヒアリング等を行い、生の声を重視しましょう。
・自社ターゲット先については思い込みを排除するようにしましょう。
・日常的に流行を把握しましょう。

図25　顧客購買行動変化を把握するプロセスモデル

顧客が購買するまでの過程については、一定のプロセスがあり、時代環境や商品の特性に応じてこれらのプロセスの中身が異なります。プロセスの外枠をフレームワークとして理解し自社に当てはめると、実際の顧客購買行動を整理しやすいでしょう。

AIDMA（アイドマ）

> Attention（注意） 〉 Interest（関心） 〉 Desire（欲望） 〉 Memory（記憶） 〉 Action（購買）

1920年代提唱の伝統的な購買行動プロセスモデル。
マス・マーケティングを中心とした時代背景を想定。CMや流行をベースとした認識から、プロモーションによる関心の喚起、価値の共感に基づく「欲しい」という欲求の形成と記憶への残留します。記憶の呼び起こしから最終的な購買に続くというモデルです。近年においても日常品や安価品等比較考量する手間があわないものには通用するモデルと言えます。

AISCEAS（アイシーズ）

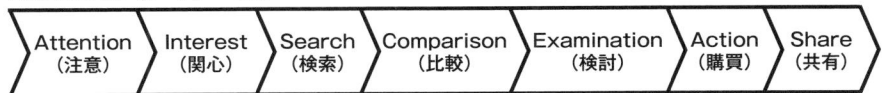

> Attention（注意） 〉 Interest（関心） 〉 Search（検索） 〉 Comparison（比較） 〉 Examination（検討） 〉 Action（購買） 〉 Share（共有）

AIDMAを受けて、インターネット普及後の近年の時代背景を想定したモデルです。基本的にはAIDMAの流れを汲むものの、より実際上の行動プロセス面に焦点が当てられます。インターネットが存在するため、AttentionとInterestの段階が他のユーザーによるShare情報に影響を受けるようになり、認識した後も、Serach・Comparison・Examinationの段階においてインターネットによる比較検討がなされる点が変更点となっています。

第2章　事業計画書作成のための準備

コーヒーブレイク②　企業の各成長ステージにおける事業計画の考え方

　事業計画書は企業経営の中長期的安定化を図るために非常に有用なツールですが、各成長ステージによりこの事業計画書の持つ意味合い（作成するうえで特に留意すべき事項）は変化していくと言えます。
　これは対外的な使用目的があればなおさらですが、各ステージにおける作成のポイントを以下に述べてみたいと思います。

①スタートアップ期

　企業として走り出した当初はその運営に必要な経営資源すら流動的な状況にあります。また、各事業はすべて新規事業と言えるので、過去実績との連動性で実現可能性を論拠づけることができません。
　そのため、他のステージに比べて相当念入りに計画を策定しておく必要があります。ヒト・モノ・カネが「安定的」に「必要十分」に提供され、それを踏まえて「売上」が達成される理由を外部環境分析や自社能力分析を踏まえて「合理的」に説明できることを十分に意識しながら作成することが必要になります。
　また、数値としては表せませんが、事業継続の見極めを行うタイミングと基準などは別途考えておいたほうがいいでしょう。

②業容拡大・安定期

　売上計上がある程度「実績」として説明できるようになるステージ、すなわち業容拡大・安定期と言われる会社の事業計画は「利益キャッシュフロー」の着実な計上を合理的に説明しながら「次の戦略」の方向性を計画に反映していくことを必要とします。
　新規事業立ち上げ、M&A、安定配当、既存事業の更なる強化のための設備投資等とりうる戦略は多々ありますが、既存事業における安定的な利益キャッシュフローがベースにあってこそです。
　この関連性を合理的に説明するために戦略（事業）ごとに計画が分かれて把握できるようにしておくことも肝要です（いわゆるセグメント単位な

ど）。

③再生（業績悪化）期

　業績が悪化したときにまず考えなければならないのは、ステークホルダー対応の優先順位です。

　通常で考えると銀行への説明を意識した策定が必要になります。この場合、「借入金返済の確実性」と「最終利益計上」、この二点は必ず合理的に説明できる必要があります。

　また、計画に数値として表現できなくとも、計画が未達成の場合の方針についても考えておく必要があります（担保差入れ物件の処分や事業撤退など）。

　なお、最終利益計上は会社運営を継続する意義からしてもそうですが、先のコーヒーブレイクで記載した銀行の貸付先に対する格付けの観点からも非常に重要です。

　判断の多くは最終利益が赤字かどうかで変わることが多いので、その点からも十分に留意してください。

事業計画書の構造

第3章

第1節

事業計画書の構成

事業計画書はどのようなものから構成されているのでしょうか。

本節では事業計画書の構成要素の概要を説明するとともに相互関係を説明します。

また、計画作成の中心となる KPI の重要性と設定の仕方についてご説明します。

1-1 構成（B/S、P/L、C/F）

　事業計画書は、貸借対照表（B/S）・損益計算書（P/L）・キャッシュフロー計算書（C/F）の3つから構成されるべきです。それぞれには相互関係があり、それぞれの連動について矛盾がないように作成する必要があります。

　一般的に経営目標となるのは、業種にもよりますが、経営成績を示しているP/L項目（売上・各利益項目）と言えます。
　しかしながら、たとえばインフラ事業者などについては投資効率なども重視する傾向が強いことからB/S項目（自己資本比率）、あるいはP/LとB/Sを連動させた指標（ROA/ROE等）を設定することも多いと言えます。
　また、営業の成果（果実）としての現預金の変動に繋がるC/F項目（営業キャッシュフロー倍率等）をむしろ重視する会社も最近は多くなってきています。
　決算書を見ればおわかりだと思いますが、P/L、B/S、C/Fはその構造上密接な関係性を有しています。
　また、それぞれが経営目標として設定可能な「重要」項目が含まれています。この前提のもと、作業的には「P/L ⇒ B/S ⇒ C/F」という流れで事業計画書は作成されていきますが、この密接な関連性ゆえ、チェックにも有効に機能します。
　たとえば、P/Lで作成した計画と投資計画が最終的にB/Sの現預金のマイナスを表示してしまう（事業計画上で倒産を表示している！）ケースも中には存在します。この関連性を理解し、最終的に実績との比較管理を可能とするためにも経理部との連携を図りましょう。

【ステップ】
①目標とするそれぞれの年度の売上や利益を決める(P/L項目)。
②P/L項目を達成するに足る資産の投資額や資金調達額や自己資本比率を決める(B/S項目)。
③実際のキャッシュの流れに問題かないかチェックする(C/F項目)。

【ポイント】
・事業計画書の作成順番は、P/L（損益計算書）→ B/S（貸借対照表）→ C/F（キャッシュフロー計算書）の順に作成する。
・資料の意味
　P/L（損益計算書）→企業の収益性
　B/S（貸借対照表）→企業体力の健全性
　C/F（キャッシュフロー計算書）→現実のキャッシュの循環の適正性

第3章　事業計画書の構造

図26　事業計画の構成と構成資料の作成順番

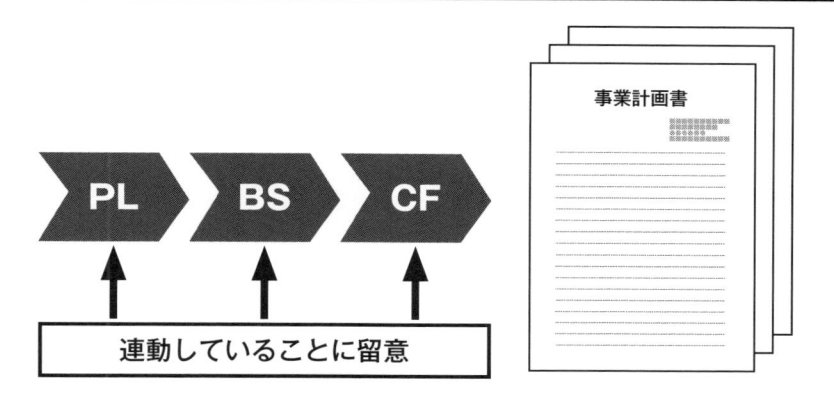

PL → BS → CF

連動していることに留意

1-2 事業計画の前提となる様々な計画

事業計画書は前節で述べたP/L、B/S、C/Fで表現されますが、この計画はまた詳細な計画によって構成されています。

【ステップ】
①販売計画
販売担当部門(営業部等)にて作成され、最終的に「売上」項目に反映されるベースとなります。
②生産計画
販売計画と連動して売上原価金額及び棚卸資産金額のもととなる計画と言えます。生産部門や資材調達部門が主管で作成します。
③人員計画
各種計画を達成するための人員キャパシティを推測し、その人員を確保・維持するためのコストを集計したもので人事部が作成します。
④設備投資・投融資計画
事業計画(特にP/L計画)を達成するための設備を確保・維持するための計画です。全体統括は全社の資産の管理を行う総務部が担当しますが、販売可能な商材の生産を可能とする設備を備えているかの検証も当然必要となります。そのため生産部門との調整を要します。
⑤資金調達・返済計画
事業計画を達成するための資金確保・維持を計画化したものです。財務部が主管となって作成されます。

【ポイント】
・各種計画は会社の様々な部署で作成されます。それぞれの計画の連動性と合理性を検討し資料をとりまとめる役割を担うのが経営企画室(ある

いは社長室）です。そのため、共通のフォーマット及び共通の評価尺度としてのKPIの設定が重要になります（KPIについては次項で述べます）。

図27 事業計画の前提となる様々な計画

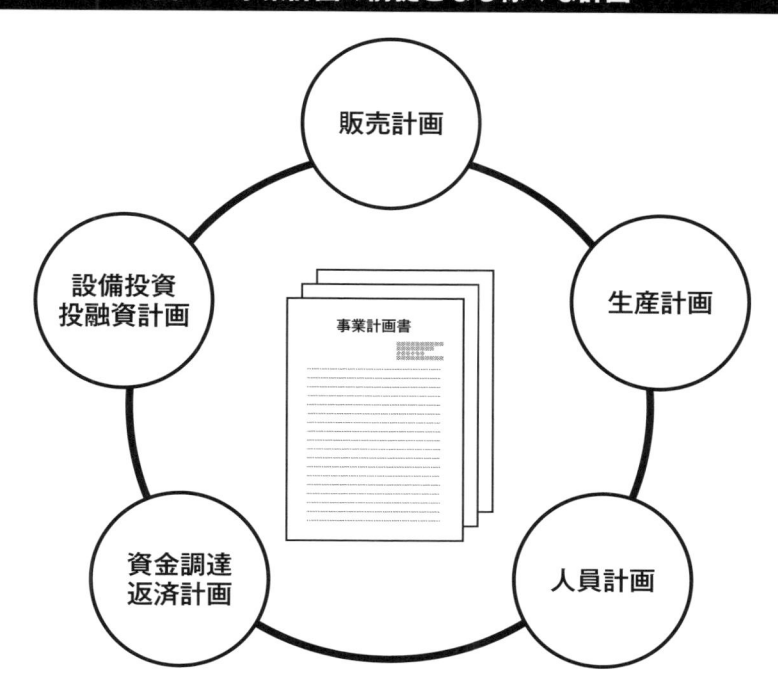

- 販売計画
- 生産計画
- 人員計画
- 資金調達返済計画
- 設備投資投融資計画

事業計画書

各事業部の作成計画
　・計画間の連動性
　・計画根拠の合理性

　　　↓そのために……

　・主管部署の選定
　・主管部署ごとの計画のフォーマットの標準化
　・計画の根拠とすべきKPIの設定
が必要

第3章　事業計画書の構造

1-3 KPI設定

　KPI（Key Performance Indicator）とは、日本語で「重要業績評価指標」と訳されます。経営（各部門）の成果を測定するために使用するファクターと理解してください。具体的には次ページの図のようなものがあります。

【ステップ】
　KPIは各部門の現場感を重視しながら評価に繋がる結果との関連性を十分に検討する必要があります。
①**販売計画**
「販売単価」「販売件数」「値引き率」「一人当たり売上高」等。
「売上」を構成、管理する要素として重要なものを選定します。
　間接的に連動する指標を設定する場合もあります（例：「訪問件数」「成約率」）。
②**生産計画**
「リードタイム」「単位当たり製造原価」「材料単位当たり調達額」等。
　効率的な工場運営で売上原価をコントロールするための要素を選定します。
③**人員計画**
「一人当たり人件費」「離職率」「一人当たり残業代」等。
　大切なことは、事業年度ごとの目標を達成し、かつ将来の事業拡大を見据えた従業員教育と世代循環を計算して最適な人員構成を目指すことです。そのためにもKPI指標が意味を持つと言えます。

【ポイント】
・KPIの設定は、会社の行動指針が具体化し各部門に割り当てられたもの

です。事業計画書作成主管部門のみが机上で決めて現場に落とし込もうとしても、うまくいきません。現場のモチベーションを左右する指標でもありますので、密な現場とのやり取りが必須になります。
・多項目のKPI設定は管理が複雑になります。少数かつ、よく吟味されたKPIの設定を意識しましょう。

図28　KPI例示

視点	KPIの具体例
販売計画	業界成長率
	顧客内シェア、顧客満足度、クレーム件数
	セールスミックス
	販売単価、件数
	値引き率
	一人当たり売上高
生産計画	単位当たり製造原価
	材料単位当たり調達額
	生産リードタイム、工程内待ち時間
	不適格品発生率
人員計画	返金人権費額、平均年齢
	社内改革提案件数、教育時間等
	離職率、有給消化

1-4 作成スケジュール

　事業計画書の作成スケジュールはある程度の精度を担保するためには3カ月程度かかると理解してください。

【ステップ】
　開始から示達までを3カ月をベースにご説明します。
①開始～1カ月
　経営陣と事業計画書作成主管部門がすり合わせを行い、経営目標と経営戦略を設定します。事業計画の構造をこの時点で確定させ、シート化し、各詳細計画の主管部門に経営目標と経営戦略と併せて説明し作成を依頼します。
②～2ヶ月
　各部門から上がってきた計画を集計し、時系列的に後になる資金調達・返済計画を反映します。
　P/L、B/S、C/F の各計画が経営目標を達成しているか、達成していなければどのように調整するのかを主管部門を交えて検討していきます。
③～3ヶ月
　全社としてまとまった計画を取締役会で承認し公式化します。

【ポイント】
・各部署の計画は現場の意向をどうしても優先しやすいため実態よりもすぐれた計画を作成したり、あるいは逆に実態よりも悪い計画を作成したりします。事業計画書作成部門は過去の実績との整合性を確認しながら、その適切性については十分に注意して判断する必要があります。

図29 事業計画作成スケジュール（例）

○：開始　◇：調整　★：経営会議　◎：支持
　　　　△：提出　▲：示達

項目	担当部署	12月				1月				2月				3月				4月	
		1	6	13	20	5	11	17	24	1	7	14	21	1	7	14	22	1	4
中期経営計画	経営戦略室	★経営会議付議11/24				★投入費用経営会議付議1/5												▲示達4/1	
事業計画策定	財務本部	◎受注・売上策定指示11/26				◎投入費用計画策定指示1/5													
投入費用策定説明会	各予算管理責任者／財本																		
重点調整	各予算管理責任者／財本																		
受注・売上・値引計画	営業各本部・事業U／事業部	○			★	△1/5													
利益計画	事業U／事業部	○			★	売上・利益目標付議12/21													
生産計画	工場統括本部	○				○				◇	△								
原単位計画	工場統括本部					○				◇	△								
負荷計画	工場統括本部					○				◇	△								
材料計画	工場統括本部					○				◇	△								
在庫計画	工場統括本部					○				◇	△								
労務費計画	総務本部・財務本部	○				○				◇	△								
経費計画	各本部・財務本部					○	〈ヒアリング〉			◇	△								
技術・研究・部販計画	各本部・経営戦略室					○	〈ヒアリング〉			◇	△								
工数計画	各本部					○				◇	△								
サービス事業計画	サービス事業部					○				◇	△								
営業外収支計画	財務本部					○				◇	△								
設備・リース計画	各本部・レイアウト委員会					○				◇	△								
製品借用計画	各本部					○				◇	△								
投融資計画	財務本部											○						別途	
資金計画	財務本部																	別途	
損益計画（DCベース）	財務本部															簡易連結作業	★	▲示達4/1	
事業計画																			
計画会議				△12/21								△2/22							
決算見込																			

第3章　事業計画書の構造

1-5 [補足] 事業計画と月次予算

　単に事業計画書を作成するだけでは、なんの意味もありません。
　計画はあくまでも予測に基づいたものにすぎないので、実績との比較をし、その差異分析をし、原因を究明して今後の改善に結びつけていかなくてはなりません。
　すなわち「PLAN → DO → CHECK → ACTION」の繰り返しにより逐次計画を修正し、修正後の計画の実現を図っていく必要があります。

【ステップ】
①単年度事業計画の月次展開
　単年度事業計画を月次展開します。
　売上の季節要因や人件費の季節要因など細かい設定を予想して月次展開をする必要があります。
②月次実績の把握
　経理部に月次実績を作成してもらいます。
　ここで重要なのは事業計画と比較可能な実績算定です。そのために損益セグメントや使用勘定科目の前提等の整合性を確保しておきましょう。
③分析
　予算と月次実績を毎月比較検証します。
　すると様々な要因から差異が生じてくることが把握できます。その中でも経営上すぐに対応できるものから中長期の改善が必要なものまで様々存在します。肝心なことは差異の発生原因の把握と経営上の対応優先度を検討できるだけの情報が取得できるかです。

【ポイント】
・分析はタイムリーに実行される必要があります。そのためには月次実績

が如何に早く作成されるかが重要です。一般的には月次は5営業日から7営業日くらいで締め、その後2営業日くらいかけて分析を実施します。

図30　予算実績管理フォーマット(例)

	4月			5月			6月		
	見込み	実績	差異	見込み	実績	差異	見込み	実績	差異
売上高	387	−	△387	413	−	△413	377	−	△377
うち製品	186		△186	171		△171	85		△85
うちサービス	201		△201	242		△242	292		△292
売上原価	305	−	△305	315	−	△315	271	−	△271
うち製品	163		△163	146		△146	69		△69
うちサービス	142		△142	169		△169	202		△202
売上総利益	82	−	△82	97	−	△97	106	−	△106
うち製品売上	12.4%			14.4%			19.0%		
うちサービス売上	29.3%			30.0%			30.6%		
販売費及び一般管理費	133		△133	367		△367	121		△121
営業利益	△51	−	51	△269	−	269	△15	−	15
売上高営業利益率	-13.1%			-65.2%			-4.0%		
営業外利益	△0		0	△0		0	△0		0
経常利益	△51	−	51	△269	−	269	△15	−	15
特別損益	−	−	−	−	−	−	−	−	−
税引前当期利益	△51	−	51	△269	−	269	△15	−	15

第3章　事業計画書の構造

第2節

販売計画

　「販売計画」(sales plan)とは、設定された経営目標や戦略を達成するために、取扱い商品、販売方法を決め、計画的に商品を販売するプランを策定することです 。

　経営目標で各期ごとにマイルストーンとして設定された売上高を達成するために年次・月次・週次等にブレークダウンして販売計画を作成します。本節では販売計画の具体的な作成方法について触れます。

　作成シートのイメージから計画の合理性の見極め方等についてご説明します。

2-1 販売計画作成の流れ

　販売計画は営業部にて作成されます。事業計画書上では単年度の売上高しか記載されませんが、月次売上推移や最少構成単位の商品単価、値引き率、販売方法等は様々な検証の上に成り立っています。
　本節ではその作成の流れを簡単にご説明します。

【ステップ】
①目標売上、粗利益予測の設定
　第２章での外部分析や自社分析を通して、会社の目標売上や目標粗利益予測が設定されます。そこから商品のセールスミックスや販促活動戦略、営業現場活動に落とし込まれた計画が作成されます。
②月間販売計画書
　年間売上計画は月別売上計画に振り分けられ、さらに、週別、日別へと振り分けられます。それを達成するために、月間販売計画、週間販売計画が立案されます。
　「月間販売計画書」は、(a)「月、日、曜日カレンダー」、(b)「日別売上予算」、「日別売上実績」、(c)「行事、記念日、催事」、(d)「週別重点販売商品」(e)「昨年の月別売上ベストアイテム」、(f)「季節商品、育成商品」の要素から作成されます。
③週間販売計画
　月別売上計画の作成後、それをさらに細かく分けて週の販売計画に展開します。たとえば小売業界ならPOSデータから算出した、昨年の同週の販売実績、主力商品の販売実績、チラシ商品販売実績、インプロ（インストア・プロモーション）商品の販売実績、催事、イベントの販売実績に、今年のトレンドを加味します。これに新商品、新企画を加えて今年の週間販売計画を立てます。

④販促計画

販売計画をスムーズに進めるために、「販促計画」があります。

販促計画には、特売チラシなど集客を目的としたものと、来店していただいたお客様に対して行なう「インストアプロモーション」とがあります。どういったプロモーションを選択するかで、売上の伸びとこのコストが変化します。

⑤検証

販売計画は、企画終了後、必ず数字で検証します。販売予測（金額、数量）に対して、事前在庫（金額、数量）、販売実績（金額、数量）、事後在庫（金額、数量）、次回の予測（金額、数量）、そのほか天候、気温、外的要因も記録しておきます。販売計画は、企画商品の「入り」と「出」「残」を常に「検証」し、次回の企画に役立てます。

【ポイント】
- 具体的な商品と商品単価、販売方法までをイメージして計画を立てる必要があります。
- どんな業界でも毎年流行があるので、営業部が作成する販売計画の合理性は定性的にしか測れない部分があります。
- 大きな枠での年度売上計画が決まると、そこからブレークダウンさせる手法で月次・週次の販売計画に落とし込みます。予算実績管理の視点からは月次での売上展開は必須です。営業部にはなるべく月次展開の具体的なストーリーを考えてもらう必要があります。

図31　販売計画作成の流れ

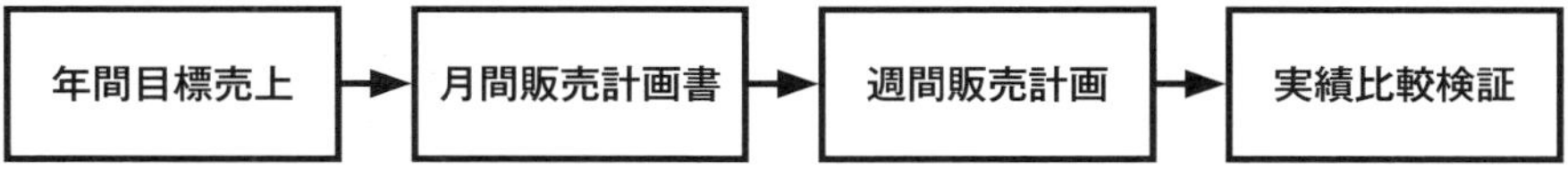

年間目標売上 → 月間販売計画書 → 週間販売計画 → 実績比較検証

2-2 目標売上高の算定方法

目標となる売上高の算定方法には様々な手法があります。
販売計画には年間売上高を下記のような方法で決定し、それを月次展開します。

【ステップ】
①総資本利益率による方法
この方法は、企業が一定期間に獲得しなければならない利益は、使用した資本が獲得すべき果実であるとの考え方に立っています。目標とする総資本利益率を満足させる利益を獲得できるだけの売上高をもって目標売上高とするものです。なお、目標利益を決める際業界資料等を参考にすると、目標設定に客観性を持たせることができます。

$$総資本利益率 = \frac{経常利益}{総資本} = \frac{売上 - 変動的費用 - 固定的費用}{総資本}$$

②損益分岐点公式による方法
目標利益、限界利益率、固定費を決め、損益分岐点公式によって、目標利益を確保するための必要売上高を算出します。

$$必要売上高 = \frac{固定費予算 + 目標利益}{計画限界利益率}$$

③労働分配率から求める方法
労働分配率とは、限界利益の中に占める人件費の割合をいいます。
目標とする労働分配率以下にするために必要な限界利益をまず求め、次にその限界利益を得るために必要な売上高を算出します。

$$労働分配率 = \frac{人件費}{限界利益}$$

限界利益 = 目標売上高 × (1 - 変動費率)

【ポイント】
・限界利益を使用する場合は会社の費用を固変分解（固定費、変動費に分解すること）することが前提となります。煩雑にはなりますが、採算分析の観点からも有用な情報ですので一度検証をお勧めします。

図32　目標売上算定の３つの方法

①総資本利益率による方法

$$総資本利益率 = \frac{経常利益}{総資本} = \frac{売上 - 変動的費用 - 固定的費用}{総資本}$$

②損益分岐点公式による方法

$$必要売上高 = \frac{固定費予算 + 目標利益}{計画限界利益率}$$

③労働分配率から求める方法

$$労働分配率 = \frac{人件費}{限界利益}$$

限界利益 ＝ 目標売上高 ×（１ － 変動費率）

第3章　事業計画書の構造

2-3 目標売上高の細分化計画

　必要とされる売上高が決まれば、次はこの売上をどう獲得するかということになります。
　売上高目標を達成するための具体的行動計画が販売計画です。
　この販売計画を端的に言うと、
- どの商品を　・どの顧客へ
- だれが　　　・いつ
- どんな方法で　・いくらで

売るのかを計画し、スケジュール化することです。
　年度販売計画において特に留意する点は、確実に見込める売上と期待できない売上を峻別することです。

【ステップ】
①どの商品を
　商品別に売上目標を決めます。商品ライン、商品アイテム、利益貢献度等を勘案しながら、目標売上高を達成できるように商品別に売上目標を決めます（図33-1）。
②どの顧客へ
　得意先別に売上目標を決めます。重点顧客や育成顧客等を明確化し、目標売上高を達成できるように顧客別に売上目標を決めます（図33-1）。
③誰が
　担当者別に売上目標を決めます。目標売上高を達成できるように部課別、営業所別、担当者別に売上目標を決めることになります。
④いつ
　月別に売上目標を決めます。季節要因があればそれらも考慮して月別に売上目標を立ててください。これにより、得意先別・製品別の季節変動や

自社の販売政策を計画に反映できるだけでなく、月次ベースで計画と実績の差異を適切把握できます。

⑤**どんな方法で**

販売促進方法を検討します。商品別、得意先別、担当者別、月別に細分化された売上計画を具体的に推進し、実行するための活動計画が販売促進計画です。

具体的には、以下の活動が実施されることになります。なお本項目は「広告宣伝費」等コスト計画と連動することを意識してください。

- 営業担当者 ⇒販売キャンペーン、CS運動等
- 広告、宣伝 ⇒チラシ、ポスター、テレビ、インターネット等
- 販売促進⇒割引クーポン店頭デモ、試食・試飲等

⑥**いくらで**

販売価格を決めます。競争や原価を念頭に置き、定価政策、低価格政策、高価格政策等の価格政策を考えます。

【ポイント】
- 今後の実績分析の指標となすKPIとの整合性をはかっておく必要があります。
- 販売計画は会社のトップラインを定めるものです。計画の大前提（その他の詳細計画とも直接・間接に連動するという意味で）となりますので最重要な計画と言えるでしょう。そのため、時系列でも本計画を最優先で作成するケースもあります。

図33-1 商品別売上計画

(単位:千円、%)

区分	商品名	前期実績	当期計画	前年比
既存商品	F.F	410,046	300,000	73.2%
	一般貴金属	78,821	100,000	126.9%
	C.C	58,943	60,000	101.8%
	催事	181,641	200,000	110.1%
	他ブランド	267,428	250,000	93.5%
	アクセサリー	214,352	240,000	112.0%
	雑貨	1,329	1,900	143.0%
	既存商品合計	1,212,560	1,151,900	95.0%
新商品	観光部門新商品	—	80,000	—
	C.C新商品	—	20,000	—
	新規商品合計	0	100,000	—
合計		1,212,560	1,251,900	103.2%

図33-2 得意先別売上計画

(単位：千円、%)

区分	得意先	前期実績	当期計画	前年比
既存顧客	百貨店	965,562	850,000	88.0%
	仲間卸	25,963	45,000	173.3%
	ホテル	97,733	120,000	122.8%
	ドライブイン	43,193	35,000	81.0%
	専門店	48,792	63,000	129.1%
	諸口	31,317	38,900	124.2%
	既存顧客合計	1,212,560	1,151,900	95.0%
新規顧客	直営店	−	30,000	−
	新規店舗	−	70,000	−
	新規顧客合計	0	100,000	−
	合計	1,212,560	1,251,900	103.2%

第3章 事業計画書の構造

2-4 [補足] 販売計画の予算実績分析

販売計画は実績との比較をして差異の要因を把握し、実際の行動計画に反映させて初めて意義あるものとなります。ここでは、発生する差異の要因についてご説明します。

【ステップ】
差異は予算（ここでは事業計画の月次ベースのものを指します）と実績の差額を意味します。差異の原因は基本的に下記で構成されています。
①単価差異
単位当たりの商品の価格が予算よりも実績に差異があることによる差異です。低い場合は想定よりも値引き額が大きかった場合などが考えられます。
高い場合も、②の数量が想定より少なければ価格設定に問題があったと考えることもできます。
②数量差異
予算で想定した商品の販売数量と実際の販売数量とに生じた差異です。
低い場合は、想定よりも販売できなかったことになりますが、その原因としては、①で述べた価格の問題であったり、競合企業の圧力などが考えられます。また計画策定時の販売数量が営業部門で強気に見込んでしまった場合も想定されます。

【ポイント】
・差異の要因分析は「価格」「数量」から構成されます。原因分析としては「実績」か「予算設定」の中にあります。実績の場合は販売の現場である営業の日々の行動に修正が必要であり、予算設定の場合は予算策定時の前提分析に問題があったと言えます。

図34　売上分析

実績売上－予算売上＝差異

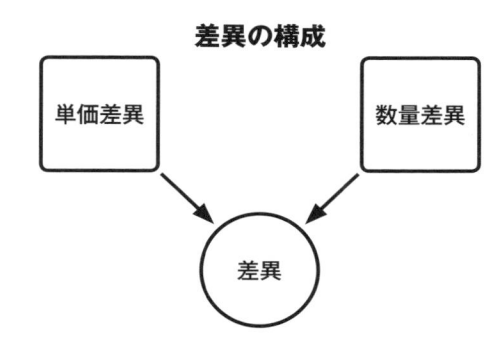

差異の構成

単価差異　　　　数量差異
　　　↘　　↙
　　　差異

差異の分析は差異の構成要素の適切な分解が必要です

差異の構成要素
・価格差異
・数量差異

構成を分解したうえで、どちらの発生要因か分析が必要

発生要因
・予算設定の前提
・実際の販売活動

第3章　事業計画書の構造

第3節

生産管理

生産管理の分野は、企業（業種・事業）によって、また人によってどの範囲まで指すのか異なる場合があります。カバーする業務も広範囲で、関連する部署も相当数にのぼります。

そもそも、ものづくりの原点は品質（Quality）、コスト（Cost）、納期（Delivery）を追求し続けることです。これを実現するために行うのが生産管理です。

そして、企業は「ヒト・モノ・カネ・ジョウホウ」を駆使して需要予測を行い、生産計画を立て、生産実施をし、生産統制を行います。

事業計画においては、生産管理に基づく年間生産計画と製品の原価をベースに売上原価を計算します。本節では生産計画や製品単位原価を算定するプロセスについて説明します。

3-1 生産管理の基本構造の理解

　生産管理といっても会社によって様々な定義があります。以下において生産管理を理解する上での、生産の基礎的前提について説明します。

【ステップ】
①製品受注形態を理解する
　会社の製品生産形態を理解することが生産計画作成の基礎となります。生産には受注生産と見込み生産があります。
　受注生産は、顧客が定めた仕様の製品を生産する形態のことです。注文を受けてから部品や材料を手配するのが一般的で、製品在庫を普通は持ちません。一方で見込生産は、生産者が市場の需要を見越して企画・設計した製品を生産し、不特定な顧客を対象として市場に出荷する形態です。見込生産では需要予測の精度が重要となり、需要予測が外れると余計な製品在庫を抱えることになり、資金繰りを圧迫します。
　生産部での発動会議等の会議体を観察することで会社の製品生産形態がどちらなのか把握することができます。これが生産計画の作成の基礎となります。
②リードタイムを理解する
　生産管理業務を行う場合、常に考慮しなければならないキーワードとして、リードタイムがあります。リードタイムを短くすることは最終製品をつくるメーカーでも部品メーカーでも、競争上の優位性を保つ上できわめて重要です。リードタイムとは、指令を発してから作業が完了するまでの期間のことであり、通常は日数で数えます。リードタイムは生産部の生産管理を実施している部署に確認することができます。その際は過去の製品ごとのリードタイムを把握する必要があります。その上で生産計画の生産数量の実現可能性を検証することになります。

【ポイント】
・生産管理の内容は会社によって違います。そのため会社ごとの製品生産形態や製品ごとのリードタイムを深く理解することで事業計画上の生産台数や製品単価の客観的合理性を理解することができます。

図35 生産リードタイムの短縮ステップ

生産リードタイムの短縮のステップ

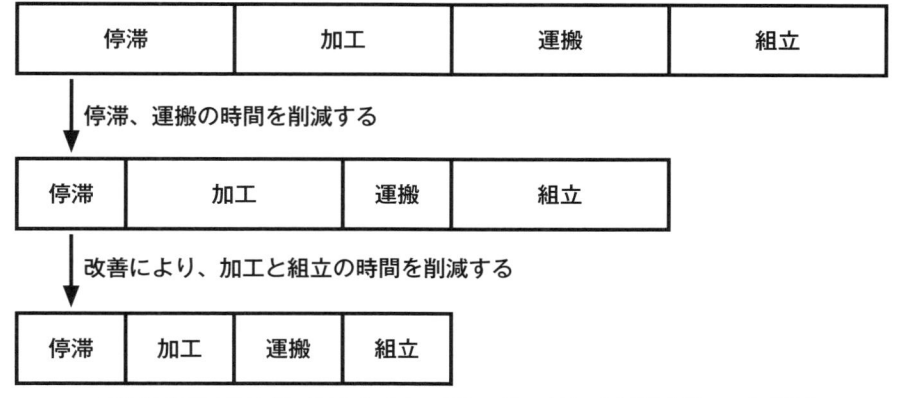

停滞	加工	運搬	組立

↓ 停滞、運搬の時間を削減する

停滞	加工	運搬	組立

↓ 改善により、加工と組立の時間を削減する

停滞	加工	運搬	組立

※事業計画の生産部プランにおいては、リードタイム削減がコスト削減の根拠になるといえます。

生産管理とは

・「QCD」＝品質（Quality)、コスト（Cost)、納期（Delivery）
⇒最適化を図ること

・「ヒト」「モノ」「カネ」「ジョウホウ」
⇒これらを駆使して需要予測を行うこと

第3章 事業計画書の構造

3-2 生産計画

　生産計画は事業年度上の、年間の製品ごとの生産計画数量を示すものです。生産計画の種類や作成の前提条件である需要予測の概念について説明します。

【ステップ】
①見込生産の場合は、生産計画を立てる前に需要予測を行う
　需要予測の数量が実際と外れると、品不足や過剰在庫が発生します。生産管理部や資材調達部などと連携をとりながら在庫をコントロールします。
②需要予測はGDP（国内総生産）成長率などの指標から予測する
　GDP成長率などのマクロ指標から予測するトップダウンの需要予測と販売現場や顧客の声などを参考にして予測するボトムアップの予測方法があります。需要予測は事業計画上の販売計画によって営業部やマーケティング部等で実施します。
③生産計画は、立案期間の長さによって分ける
　大日程計画（3カ月〜1年の計画、工場全体の計画）、中日程計画（1〜3カ月の計画、職場単位の計画）、小日程計画（1日〜1週間の計画、個人単位の計画）の3つに分類できます。
　また要素別に考えると、手順計画、工数計画、日程計画に分けることができます。大日程計画が事業計画の年度生産計画の基礎となります。

【ポイント】
　営業が案件を取ってきても生産が計画的に実施されなくては機会損失が発生します。また営業件数を上回る生産がされてしまうと不良在庫がたまってしまいます。事業計画上は販売計画と生産計画との整合性を図る必要があります。経営企画室は両者の調整弁としての役割を担います。

図36　生産計画（例）

工場統括本部

機種名	期首在庫 計	月別生産計画																	年間 計
		4月	5月	6月	1/四	7月	8月	9月	2/四	10月	11月	12月	3/四	1月	2月	3月	4/四	下期	
○○	4	1	1		2					1	1		2	1	2	1	4	6	8
○○	3	1			1			1	1			1	1	1	1	1	3	6	8
○○																1	1	1	1
○○	1																		1
○○								1	1	1			1	1	1		2	4	5
○○	1						1		1										1
○○														1			1	1	1
○○	1									1	1	1	2	1	1	1	3	5	6
○○	2		1		1	1			1	1	1		2	1	1	1	3	5	6
○○	9	4	1	2	7	1	2	4	7	5	5	5	15	5	4	3	12	27	41
○○	2									2			2		1	1	1	3	3
合計	22	6	3	2	11	2	2	7	11	11	8	9	28	11	10	10	31	59	81
○○	2					1	1		1	1		1	2		1	2	1	3	4
○○	2	1	1		2			2	4	1	2	1	3	2	1	2	5	8	12
○○	1		1	1								1	1			1	1	2	3
合計	5	1	1	1	3	1	1	2	6	2	2	2	6	2	2	3	7	13	19

第3章　事業計画書の構造

3-3 単位当たり原価

　生産計画で生産数量と払出数量を算定すると次は製品単位当たりの原価を算定します。単位あたり原価はいわゆる「標準原価」と呼ばれ事業計画上の売上原価計画の構成要素となるとともに、実績との差異分析の前提になります。

【ステップ】
①事業計画で達成できる合理的な目標として標準原価を採用する
　標準原価計算の流れは一般的には下記のようになります。
　会社の中では生産部や技術部が主管で標準原価の設定をしているケースが多いです。
　（1）原価標準（目標とする原価の標準）を設定します
　（2）原価標準に基づいて標準原価を計算します
　（3）標準原価と実際原価を比較して差異を求めます
　（4）原価差異分析を行います
　（5）計画上採用する標準原価を決定します
　原価標準とは、製品1単位当たりの原価の標準額です。直接材料費、直接労務費、製造間接費から構成されています。

【ポイント】
　事業計画の単位当たりの原価の算定においては標準原価を使用します。
　これは製造業に限ったことではなく、どのような業種の事業計画においても目標となる原価を使用します。これは、事業計画と実績の差異分析をするためです。
　一般的には製品を構成する部品ごとに標準原価が設定されます。
　部品構成は技術部、部品ごとの材料費の計算は資材調達部、加工費は生

産管理部と標準原価の設定は全社的なプロジェクトになります。

図37　製品単位ごとの標準原価表

(単位：円)

製品	材料費	加工費	製造間接費	単位当り原価
A	100	40	20	160
B	20	10	5	35
C	50	30	15	95
D	50	30	15	95
E	35	15	5	55
F	90	50	15	155
G	30	10	5	45
H	25	15	10	50
I	10	5	1	16

一般的には製品を構成する部品ごとに標準原価が設定されます。
部品構成は技術部、部品ごとの材料費の計算は資材調達部、加工費は生産管理部と標準原価の設定は全社的なプロジェクトになります。

> 大量生産の業種の場合は、単位当たり原価の設定を慎重に検討しましょう。目標値に近い原価となった場合は、実際の原価との乖離が大きければそれだけで計画の実現可能性を大きく損ねる結果となります。

3-4 事業計画書上の売上原価の計算

　数量計画と製品単位あたり原価が決定すると、これらを計画に落とし込みます。ここでは他の計画との整合性チェックや月次で計画を策定する際の留意点について説明します。

【ステップ】
①２つの計画数値をベースに事業計画書上の売上原価を計算
・生産計画で算定してした払出数量
・標準原価計算で計算した製品ごとの標準原価
②販売計画との整合性をチェック
　事業計画の作成担当部署である経営企画室で、販売計画との整合性をチェックします。
　まずは販売計画の販売数量と生産計画の払出数量が整合しているかチェックします。
　次に標準原価に対して、製品ごとの販売価格が原価割れしていないか確認します。当たり前のようですが、それぞれの計画が各部署にて作成されますので、売値が原価に対して適正な利益を上乗せした形で算定されていないこともあります。
③生産数量及び払出数量に季節変動性を加味する
　販売計画に季節変動性がある場合は、生産計画にも同じく季節変動性を加味する必要があります。

【ポイント】
　他の計画との整合性が大切です。事業計画作成の主管部署の経営企画室としては事業部間調整の力量が試されると言ってよいでしょう。

図38 事業計画上の売上原価計画

数量

製品名	4月	5月	6月	1／四	7月	8月	9月	2／四	上期	10月	11月	12月	3／四	1月	2月	3月	4／四	下期
A	1	1	0	2	0	0	0	0	2	1	1	0	2	1	2	1	4	6
B	1	0	0	1	0	0	1	1	2	1	1	1	3	1	1	1	3	6
C	2	0	0	2	0	0	0	0	2	0	0	0	0	0	0	0	1	1
D	0	3	0	3	0	0	0	0	3	0	0	0	0	1	0	0	1	1
E	0	0	4	4	0	0	1	1	5	1	0	0	1	0	1	0	2	4
F	0	0	0	0	0	0	0	0	0	0	0	0	0	0	1	0	1	1
G	0	0	0	0	0	0	1	1	1	0	0	0	0	0	0	0	0	0
H	0	1	0	1	0	0	0	0	1	1	0	1	2	1	1	1	3	5
I	0	0	0	0	1	0	0	1	1	0	1	1	2	1	1	1	3	5
合計	4	5	4	13	1	0	3	4	17	4	3	4	11	6	6	6	18	29

売上原価

製品名	4月	5月	6月	1／四	7月	8月	9月	2／四	上期	10月	11月	12月	3／四	1月	2月	3月	4／四	下期
A	160	160	0	320	0	0	0	0	320	160	160	0	320	160	320	160	640	960
B	35	0	0	35	0	0	35	35	70	35	35	35	105	35	35	35	105	210
C	190	0	0	190	0	0	0	0	190	0	0	0	0	95	0	95	95	95
D	0	285	0	285	0	0	0	0	285	0	0	0	0	95	0	0	95	95
E	0	0	220	220	0	0	55	55	275	55	0	55	110	55	55	0	110	220
F	0	0	0	0	0	0	0	0	0	0	0	0	0	0	0	155	155	155
G	0	0	0	0	0	0	45	45	45	0	0	0	0	0	0	0	0	0
H	0	50	0	50	0	0	0	0	50	50	50	50	100	50	50	50	150	250
I	0	0	0	0	16	0	0	16	16	0	16	16	32	16	16	16	48	80
合計	385	495	220	1100	16	0	135	151	1251	300	211	156	667	411	476	511	1,398	2,065

※各製品ごとの標準原価は図37の金額をベースにしている

第4節

設備投資・投融資計画

企業が存続するためには、設備投資を継続して行う必要があります。新たな事業に進出するためには、別途投資が必要です。

また、当然既存の事業で収益性が低いものについては、事業撤退を行う必要も生じます。

本節ではこのような設備投資や撤退の把握の仕方、投資が費用化される場合の減価償却費の計算方法について解説します。

4-1 設備投資

　企業が永続して成長していくためには設備投資を行うことが必須と言えます。よって、どのような設備投資を行うかということは企業にとって非常に重要な問題です。

【ステップ】
①既存事業維持のために必要な設備投資金額の把握
　企業の既存事業の維持のために必要な設備投資金額を営業部門もしくは総務（生産）部門からヒアリングすることで把握し、それがいつ必要なのか把握します。なお、営業部門と生産部門の間の生産計画についての認識は一致させておく必要があります。
②新製商品売上開始のために必要な設備投資金額の把握
　企業が新製商品（サービス）開始のために必要な投資金額を営業部門、もしくは総務（生産）部門からヒアリングすることで把握し、それが時系列にどの程度必要なのか把握します。
　新製商品（サービス）開始には既存事業の維持のための設備投資金額より、より多額の資金が必要となり、設備投資のタイミングも複数になると考えられます。
③経費削減のために必要な設備投資金額の把握
　企業が経費削減のため、もしくは他の観点から、必要な投資金額を営業部門、もしくは総務部門からヒアリングすることで把握し、それがいつどの程度必要なのか把握します。
④時期ごとの設備投資金額の合計
　上記を全て時系列ごとに集計し、設備投資計画としてまとめます。

【ポイント】
・資金繰りとの対応の観点から、年度ごとの設備投資ではなく、月次での設備投資計画を作成することが望ましいです。

図39　設備投資の集計例（抜粋）

種別	内容	部署	3月	4月	5月	6月
①既存	○○用機械購入	製造部門	1	ー	ー	ー
	本社レイアウト変更	総務部門	ー	ー	ー	1
			1	ー	ー	1
②新製商品・新事業	研究用機器購入	研究部門	1	1	2	ー
	新商品用機械購入	製造部門	ー	ー	ー	10
			1	1	2	10
③経費削減等	自動製品チェック用機器購入	製造部門	ー	3	ー	ー
	原価管理用ソフト購入	製造部門	ー	ー	5	ー
			0	3	5	0
④合計			2	4	7	11

設備投資は多額のコストを伴うものです。金額については現場任せにせず、経営計画室としてもチェックを入れましょう。

4-2 撤退・除却

　企業が成長していくためには、運営している事業のうち、将来的に収益が見込めない事業・資産について撤退・除却することが必要となります。

【ステップ】
①現在の収益性の把握
　現在運営している事業や取り扱っている製商品等について、必要に応じて営業部門からデータを入手し、収益性の確認を行います。
②将来の収益性の把握
　収益性に問題がある場合、将来的に収益性が見込めるか否かの判断を行います。収益性に問題がなくとも、将来的に収益性が見込めるか否かについて営業部門へヒアリングを行い、その判断を行います。
③撤退シミュレーションの実施
　将来的に収益性が見込めないのであれば、撤退した場合のシミュレーションを行います。具体的には撤退する際における費用の発生、人員の余剰等について試算を営業部門や総務（生産）部門、人事部門と協力して行います。人員削減の可否や取引契約等により、撤退した場合と撤退しない場合の差について算出します。事業計画書上への反映は、④の結論を予測しながら行います。
④撤退の判断
　結果として撤退した方が得であれば撤退の判断を行います。正式には取締役会にて決定します。
⑤撤退スケジュールの策定・実行
　撤退が決定したら撤退のスケジュールを作成し、関連部署へ共有すると共に、その実行を行います。

【ポイント】
・撤退に関する判断は誤ると非常に大きな影響があるため、慎重に行う必要があります。

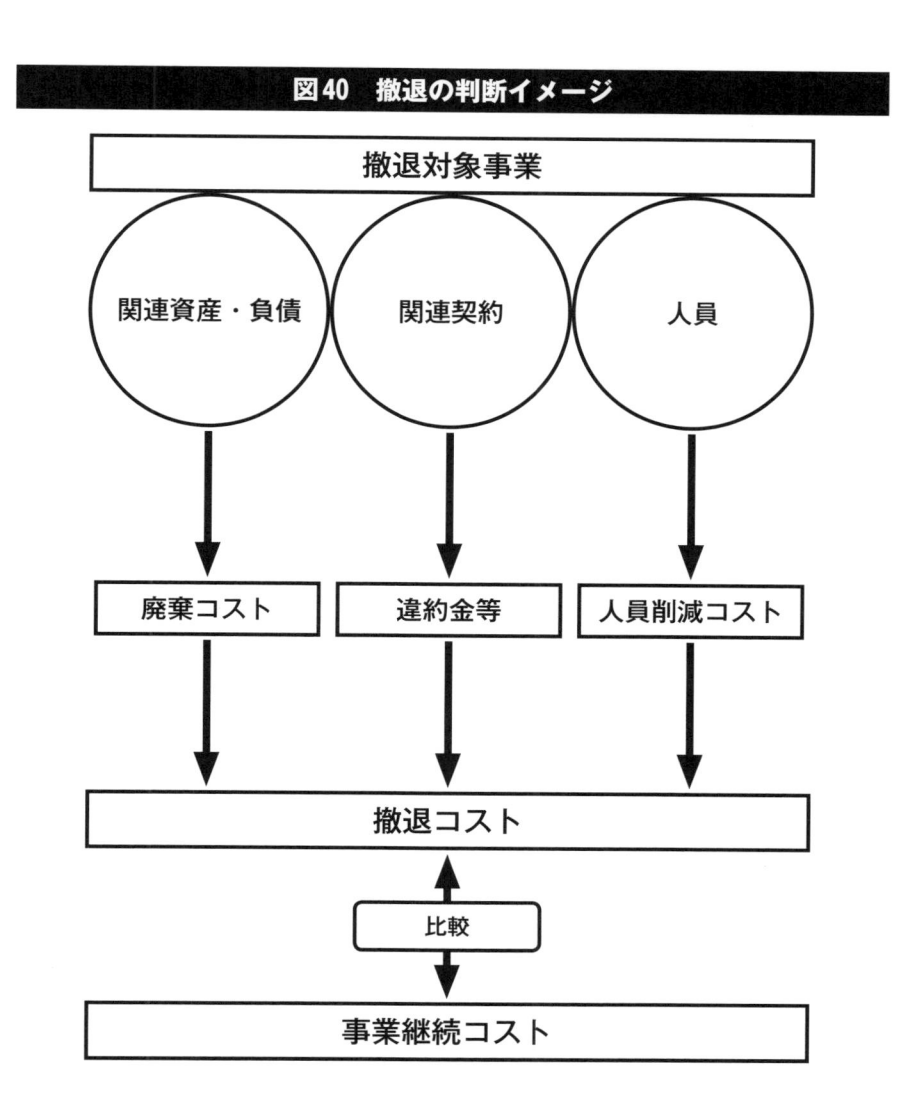

図40　撤退の判断イメージ

```
                    撤退対象事業
        ┌───────────────┼───────────────┐
   関連資産・負債      関連契約            人員
        │               │               │
        ▼               ▼               ▼
   廃棄コスト         違約金等        人員削減コスト
        │               │               │
        └───────────────┼───────────────┘
                        ▼
                    撤退コスト
                        ↕
                       比較
                        ↕
                   事業継続コスト
```

第3章　事業計画書の構造

4-3 減価償却

　企業が事業計画書を作成する際、損益計算書上、減価償却費についても算出する必要性があります。

【ステップ】
①既存の有形無形固定資産の減価償却費の把握
　現時点で保有している有形無形固定資産の将来の減価償却費のシミュレーションを行います。
　具体的には、経理部門の協力を得て、固定資産システムデータのシミュレーションの機能を用いて、必要な年度分の減価償却費を算出します。
②予定設備投資金額に対応する減価償却費の把握
　設備投資計画を元に、将来設備投資する分についての経理部門の協力を得て、減価償却費のシミュレーションを行います。
　⇒減価償却費の計算上、耐用年数や償却方法の設定に誤りがないか確認する必要性があります。
③両者の合計
　上記①と②を合計します。

【ポイント】
・現時点で保有している有形無形固定資産と将来の設備投資両方の観点で減価償却費を計算する必要性があります。

図41　減価償却費の集計例

(単位：千円)

種別	科目名	取得（予定）価格	薄価	取得（予定）年月	償却方法	償却年数	●年3月	4月	5月	6月
①既存の有形無形固定資産の減価償却費	建物	4,800,000	120	略	定額法	20	20,000	20,000	20,000	20,000
	機械設備	96,000	40	略	定額法	8	10,000	10,000	10,000	10,000
	工具器具備品	120,000	10	略	定額法	2	5,000	5,000	5,000	5,000
		5,880,000	170	略	−	−	35,000	35,000	35,000	35,000
②将来の設備投資に対応する減価償却費	建物	2,400,000	略	●年3月	定額法	20	20,000	20,000	20,000	20,000
	機械設備	120,000	略	●年4月	定額法	8	−	1,250	1,250	1,250
	工具器具備品	60,000	略	●年5月	定額法	2	−	−	2,500	2,500
		2,580,000	略	−	−	−	10,000	11,250	13,750	13,750
③合計							45,000	46,250	48,750	48,750

第3章　事業計画書の構造

4-4 事業投資

　企業が成長していくためには、自社が行っていない事業についても投資し、事業拡大を進めることも必要となります。

【ステップ】
①投資すべき事業対象の選定
　既存事業とのシナジーはあるのか、あるのであればどの程度かを大まかに把握する必要があります。
　また、シナジーがないのであれば、そのような状況でなぜその事業投資が必要なのかを明らかにしておく必要性があります。
②選択した事業の将来の収益及び必要資金の把握
　選択した事業の将来の収益の程度と、その事業に進出するための必要資金や競合の状況等について把握を行います。この時点までの情報は最終的に事業計画に織り込めるようにしておきます。
③事業投資の実施の判断
　結果として事業投資を行っても良いかの判断を行います。
④詳細のスケジュールの策定
　実施を行うことが決定された場合、詳細のスケジュールを策定します。事業計画にも反映します。
⑤新事業についてのP/Lの見込み算定
　新事業に関連する売上、原価、販売管理費、設備投資の見込金額を策定します。

【ポイント】
・事業投資のために資金がいくらかかるのかについては、必ずしもその企業が十分な情報を持っているとは限りません。よって、どのくらいの資

金が必要なのかを慎重に把握し、その金額がその企業にとって調達可能なのか、リスクはどの程度あるのかを明らかにしなければなりません。

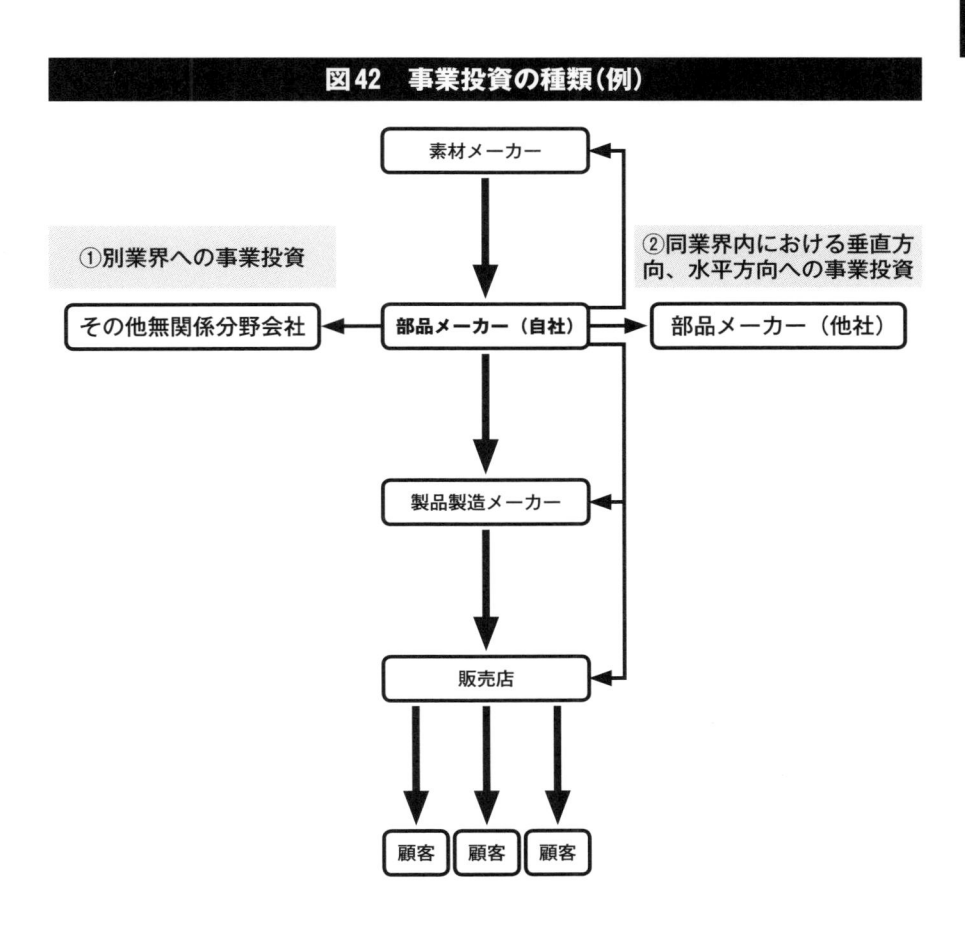

図42　事業投資の種類（例）

①別業界への事業投資

②同業界内における垂直方向、水平方向への事業投資

素材メーカー
↓
その他無関係分野会社 ← 部品メーカー（自社） → 部品メーカー（他社）
↓
製品製造メーカー
↓
販売店
↓
顧客　顧客　顧客

4-5 受取利息・配当

　企業は業務提携の観点や取引上の必要性に応じて貸付を行ったり、株式投資を行ったりします。そのような貸付金や株式の保有による損益インパクトを算定するものです。

【ステップ】
①受取利息金額の把握
　貸付金の返済予定、利率を財務部門から入手し、将来の受取利息金額を算出します。
　⇒なお、返済見込みがない場合は受取利息を計上しても入金されないこととなるので、そのような場合は、受取利息金額は含めません。
②受取配当金額の把握
　保有株式の過去の配当状況、将来の収益性から将来の配当見込み金額を算出します。
　⇒重要性がなければ保守的にゼロと見込んでも問題ありません。

【ポイント】
・株式の配当については、将来的に確実になされる保証はないので、その見積りについては慎重に行う必要性があります。

図43 受取利息配当計画（例）

(単位：千円)

種別	銘柄・相手先	利率・株数	種別・1株配当	●年3月	4月	5月	6月
①受取利息	A氏	—	残高	10,000	1,000	1,000	1,000
		3%	利息	25	25	25	25
	B氏	—	残高	5,000	5,000	5,000	5,000
		2%	利息	8	8	8	8
			利息計	33	33	33	33
②受取配当金	C社	100	5,000	—	—	—	500,000
	D社	200	1,000	—	—	—	200,000
	E社	300	2,000	—	—	—	600,000
		600	—	0	0	0	1,300,000
③合計				33	33	33	1,300,033

第5節

人員計画

会社の経営資源は、みなさんもご存知のとおり「ヒト・モノ・カネ・ジョウホウ」です。

「ヒト（＝人材）」なくして会社経営はできません。また、「ヒト」は「雇用」という会社のもつ重要な社会的使命の実現という側面を有しています。

「ヒト」にかかるコスト（＝人件費）は、採用、退職（解雇）などでの調整も会社の事情のみでは行いづらいため、いわゆる「固定費」に近いコントロールが必要とされます。そのため、詳細な計画を策定する必要があるものと言えます。ここでは、この「ヒト」に関連するコスト計画の作成について述べます。

5-1 現状の整理

　雇用の維持は、会社経営上非常に重要な社会的機能です。また、会社の安定的維持・拡大のためには別途計画を作成すべき重要な戦略とも言えます。

【ステップ】
①過去実績の入手
　人事部に各部門、セグメント別、役職（レイヤー／雇用形態）別、月次ベースの人員数と給与支給実績の情報を依頼し入手します（第２章２－５でも述べたとおり管理職以上の既存社員の「質的」な把握も実施してください）。

　ここで重要なのは「タテ（役職別）」「ヨコ（部門別）」で情報が取れるようにしておくことです。また、いくら事業計画作成目的だからといって、個別社員ごとの情報を開示することは基本的にないと考えてください（個人情報であるため）。その為、金額については総額を把握できるようにします。また、入退社の情報もグロスでとれるようにしておいてください。さらには、経理部にこれらの人件費が「原価」「販売費及び一般管理費」との区分に計上されるのかについても確認してください。

②計画の作成のための概略把握と主要コストファクターの確認
　人事部に採用方針、入退社時に発生するコスト（紹介会社への手数料等）、各部門ごとの給与体系の違い、毎年の昇給などの制度（見込みを含む）、そして今後の組織戦略（組織変更やそれに伴う部門構成）などをヒアリングします。

③過去実績の吟味と計画上採用する変数の確定
　①で入手した情報と②でヒアリングした各種コスト発生についての妥当性について検証を加えます。その上で事業計画上考慮すべき変数について何を採用すべきかについて検討します。

【ポイント】
・部門・セグメント・役職（レイヤー／雇用形態）など詳細な区分と同時に、原価・販売管理費区分別でも情報が取れるようにしておきます。
・一人当たりの人件費は他のコストに比べて大きいことを認識し、関連情報については念入りに入手します。
・事業計画上考慮すべき変数の確定についても過去実績との連動性を意識しながら行います。

図44　事業計画上採用する変数の例

No.	大項目	小項目
1	人員数	部門・セグメント・役職別人員数
2	人件費	部門・セグメント・役職別平均人件費
3	人件費	法定福利費比率（支給総額に対する比率）
4	人件費	福利厚生費・交通費・交際費・会議費等人員数に連動する「一人当たりその他の人件費」
5	人件費	毎年の給与改訂に伴う昇給率
6	採用コスト	紹介会社への支払手数料
7	退職コスト	過去引当処理していない退職金等

第3章　事業計画書の構造

人員計画は事業計画書を構成する要素として非常に重要なものの一つです。現状の把握をしっかりと行い、過去からの連続性を意識して作成していきましょう。

5-2 人員計画シートの作成

　人事部から入手した情報をもとに、事業計画書を構成する重要な要素としての「人員計画シート」を作成します。

【ステップ】
①各部門(セグメント)ごとに役職(レイヤー)別の「人員数」「人件費」の情報を入力
　ここで財務会計上「原価」「販管費」に計上される社員が同じ組織に所属している場合は、当該区分も判別できるようにします。また、人員の増減は「人員数」の部分において「当月初残高」「入社」「退社」「当月末残高」の区分で把握できることが肝要です。

②その他人件費関連情報の追加
　その他人件費(＝給与(手当)以外に発生する法定福利費・福利厚生費・交通費・交際費・会議費など人員数の増減によって連動する項目)を抽出し集計します。なお、①の人員数のどの部分と連動するのかについてはあらかじめ検証しておきます。また、入退社に関連して発生するコストも集計しておきます。

③変数の設定
「一人当たりの人件費」「一人当たりのその他人件費」「一人当たり採用費」「一人当たり退職関連コスト」などを算定し、人員数を乗ずることで「人件費」計画が策定できるような構成にしておきます。

④過去実績による変数設定の適切性確認
　①～③の手続きにより設定された過去数値が実績と乖離がないかについて確認します。なお、この検証の際、業界標準との比較も併せて行います(適切な採用が可能かどうかは、この時点での検証にもかかってきます)。

⑤【補足】その他計画と連動する変数の吟味

　人件費は総じて固定費に近い性質を有していますが、売上等に非常に密接な関連性を有している場合もあります。歩合給を設定している場合はなおさら売上計画との連動性を図らなければなりませんが、そこまでいかなくとも、営業人員による販売力が売りの会社の場合などは「一人当たり売上高」などが重要な経営上の指標になりうるケースがあります。その場合、売上計画と「人員数」は連動させる必要性などを検討してください。

【ポイント】
・人員計画と連動しやすい他の計画についても十分に考慮しましょう。また、主要な変数については業界標準についても意識しましょう。
・数値の連動以外にそもそも組織運営上の適切な人員数・人件費であるかについても確認します。

図45　人員計画以外の計画に影響を与える可能性のある変数例

No.	対応する計画	変数名
1	売上	営業人員一人当たり売上額
2	売上	拠点当たり営業人員数
3	原価	獲得件数当たり歩合給
4	原価	製造設備当たり必要人員数
5	原価	一人当たり研修費

5-3 人員計画の策定

　各事業、部門の意向をふまえつつ全社的な視点を考慮に入れ、関連する項目との整合性を図りながら計画を策定します。

【ステップ】
①仮説によるフロント部門（営業・生産等）の人員計画反映
　前節で把握している「一人当たり売上高」などの情報を参考にフロント部門の人員計画を反映してみます。その上で人事部と各フロント部門へのヒアリングで把握した人員計画と齟齬がないか確認します。
②各部門との調整
　①の検証において齟齬が検出された場合、過去実績データを根拠として対策を人事部、各フロント部門と調整します。人員が過多の計画の場合は、採用の抑制、他部門異動、リストラクチャリングなども確認します。
③バックオフィス部門の人員計画反映
　バックオフィス部門（管理系部門等）についてはフロント部門の全社集計数値を参考として、過去実績推移をベースにまずは計画化します（フロント部門の人員数増加はバックオフィス機能の重要性が大きくなる明確な根拠となります）。なお、管理部門は増加する機能及び人員数に伴い、部門分離などの対応を要します。この展開を考えた人員計画作成が求められます。
④その他各種留意点
・賞与などは支払とコスト計上のタイミングがずれるため、資金繰り計画上は十分に留意してください。
・管理職の人員数は、スタッフ層の増大とある程度の連動を図る必要があります。一人のマネージャーが「物理的」にマネジメント可能なメンバー数は限りがあります（スパンオブコントロール）。

・昇給などは人事部へのヒアリングを行い適宜反映してください（率的には小さくても金額的には大きくなる可能性があります）。

【ポイント】
・売上計画及びそれらと連動する生産・仕入設備を運営可能な人員構成となっているかをチェックします。
・フロント部門（営業・生産等）を支える管理部門の構成か確認します。
・資金繰り計画との連動性に注意しましょう。
・昇給等の情報は慎重に反映します。

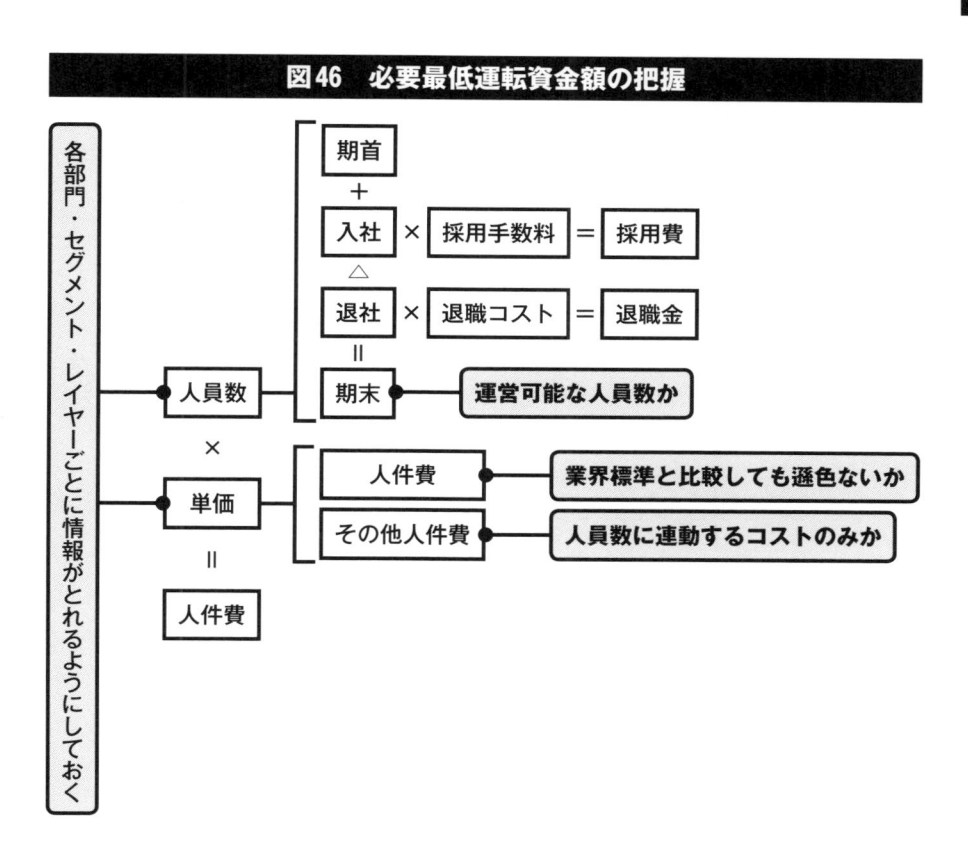

図46　必要最低運転資金額の把握

各部門・セグメント・レイヤーごとに情報がとれるようにしておく

人員数：
- 期首
- ＋入社 × 採用手数料 ＝ 採用費
- △退社 × 退職コスト ＝ 退職金
- ＝期末 → 運営可能な人員数か

単価：
- 人件費 → 業界標準と比較しても遜色ないか
- その他人件費 → 人員数に連動するコストのみか

＝人件費

第3章　事業計画書の構造

第6節

資金調達・返済計画

会社の経営は最終的に「カネ」が回ること（＝資金決済という行為が継続されていくこと）で成り立っていきます。そのため、事業計画書は、この「カネ」が「安全に」回っていくもの、「ステークホルダー」の「カネ」に関する期待（＝予測）に応えるもの、合理性を有するものでなくてはなりません。

全ての詳細な計画は「カネ」が回ることの立証を持って完成するのです。「資金調達・返済計画」は「社内」で集約された計画書は、投資家・銀行をはじめとする「社外」の「ステークホルダー」に対し、期待にも応えうるかどうかを検証する意義を有しています。

いわば、事業計画書作成の最後の山場と言えます。

6-1 必要最低運転資金額の把握

　これまでのステップを踏まえて資金調達・返済計画という財務戦略以外の計画は全て把握されています。事業計画作成の最終段階としてこの資金調達・返済計画の作成はこれまで作成してきた内容がステークホルダーに対する期待に応えうるかどうかの検証を含んでいます。ここでは、まずこれまで作成してきた事業計画をもとに会社経営の安定を図るうえで必要最低条件である「資金ショート」を起こさないための「必要最低運転資金額」の把握を行います。

【ステップ】
①運転資金額推移の算定
　事業計画から運転資金（＝売掛金－買掛金＋在庫）の推移を算定します。
②増加運転資金額の把握
　月次、年次ベースで①に於いて算定した数値の増減を把握します。具体的には比較すべき前期末の金額と当期末の金額の差額を増減数値として把握します（＝ワーキングキャピタル）。
③増加運転資金額の累計額の算定
　②で算定した増加運転資金額の累計を推移として算定します。
④運転資金需要による資金不足が生じないかの確認
　計画作成時点（起点）の「現預金」に③を減算しマイナスとならないかを確認します。③で算定した金額の最大値が対象となる計画期間において「運転資金」として追加で調達しなければならない金額と理解してください。④で算定されたマイナスはあくまでその他の資金収支原因がない場合に既存の現預金でまかないきれない金額という程度の理解で結構です。

【ポイント】
・上記以外に日次ベースの資金ショート可能性がないか検証しましょう。同じルールで季節変動を考慮し一番売上が大きくなる月などは特に注意が必要です。
・売上が上がれば資金は必ず不足する、ということを必ず意識してください。

図47　必要最低運転資金額の把握

貸借対照表	2011年3月期 実績	2012年3月期 見込	2013年3月期 計画	2014年3月期 計画	2015年3月期 計画	2016年3月期 計画
現預金	1,000					
売掛金	426	472	476	529	582	630
棚卸資産	741	838	886	948	1,000	1,080
買掛金	258	272	289	306	322	350
運転資金	909	1,038	1,073	1,171	1,260	1,360
増加運転資金		129	35	98	89	100
累積増加運転資金		129	164	262	351	451
運転資金による資金ショート検証		871	836	738	649	549

第3章　事業計画書の構造

6-2 計画作成に必要なデータの把握と調整方法の理解

　資金調達・返済計画を作成するためには前項以外の情報も重要です。また、調達方法ごとのメリット・デメリットを作成前に把握しておくことも必要です。

【ステップ】
①新規設備投資計画の把握
　事業計画（B/S）から新規の投資の計画を抽出（具体的には減価償却を除いた有形固定資産の取得簿価の差額等）します。
　投資は原則としてB/Sの有形固定資産に計上されるものが対象となります。なお、その他の投資（証券投資等）がある場合は必ず区分して検討を行います。

②既存借入データの作成と計画への反映
　現時点での借入に関するデータを作成します。借入残高（長期/短期）とその返済計画を事業計画へ反映します。B/Sにおいては借入残高の推移を、P/Lにおいては今後発生する利息、手数料を、C/Fには返済する元金部分と利息のキャッシュアウト分を反映します。
　なお、既存借入の資金使途、銀行名などもデータ化しておくことをお勧めします。

③調達方法のメリット・デメリットを把握
　借入（間接金融）の場合、「運転資金」は短期間、一括返済が原則です。「設備投資資金」は長期間、元金を返済期間に按分して返済するのが原則です。なお、「短期借入」の場合、一括返済という条件が多いことから返済計画に織り込まれない可能性もありますが、業績悪化時には期限の更新なく返済要求される場合もありますので、状況を見て長期借入（元金の部分返済付）にシフトすることも考慮しましょう。

また、設備投資資金の場合、減価償却期間、あるいは当該固定資産等の使用期間（収益獲得能力を発揮できる期間）をベースに借入期間を設定しておく必要があります。
・金利は長期間の借入ほど上昇する傾向があります。
・担保については第2章2-6での記載どおり、余力を把握しておきましょう。
・増資等（直接金融）による調達の場合、配当や譲渡に伴う売却益の二種類が調達先への還元の機会となりますので、そのストーリーを準備しておく必要があります。また、増資による調達の場合、調達後の株主構成も想定しておく必要があります。この点から事業計画と連動した資本政策の策定も検討しておく必要があります。
・増資等（直接金融）においては配当や最終の譲渡等での売却益などにより獲得する投資家の最終利回りは借入よりも相当程度大きくなる傾向にある点を留意しておきましょう。

【ポイント】
・主な要素は「（設備）投資」と「既存借入返済」。
・運転資金と設備投資等の資金は区分して管理すべき。
・間接金融か直接金融か
・（間接金融）資金使途と借入期間＆担保＆金利
・（直接金融）投資還元と回収政策
・（直接金融）資本政策（株主構成）

6-3 資金調達・返済計画を作成する

前節での理解を踏まえて、資金調達及び返済計画を作成します。

【ステップ】
①事業計画への反映
「間接金融（短期）」「間接金融（長期）」「直接金融」の3つのカテゴリーに分け、資金使途別に調達のタイミングや方法・条件などを前節の理解を踏まえて検討し調達・返済計画に反映します。ここで間接金融の場合は別途金利を計画に織り込む必要があることに留意してください。

また、基本的に間接金融は、会社が獲得する営業キャッシュフローの範疇で返済可能な水準で期間・金利等の条件を決めるべきですが、調達先との関係もありますので、そのとおりにいくとは限りません。ここで重要なのは、第2章2-6で説明した借入余力の検討です。これらを勘案して、「実現可能性」の高い借入計画を織り込むことが必要です。

さらには、金融環境も見極めが必要です。これらには金融制度（保証協会などによる公的機関保証制度や金融庁自体の銀行行政方針）などの動向も含まれます。なお、これに限らず間接、直接ともに調達のハードルは常に変動します。さらに、間接金融の場合、金融機関は「信用リスク格付」を継続的に実施しています。自社がどの格付けを取得しているか把握しておく必要があります。

そのため、流動性を厚くするなど別途財務上のポリシー設定する必要性も検討してください。潜在リスクや事業計画達成の不確実性が高い場合には財務ポリシーは極力保守的に設定しておく必要があります。

【ポイント】
・自社の業績のみならず金融環境の見極めも重要です。

- 間接金融の場合、借入先の自社に対する信用度合い（銀行でいえば信用リスク格付）を継続的に推測する必要があります。
- 財務ポリシー設定の必要性を検討してください。

図48　関連する計画上の項目

間接金融	短期	B/S　有利子負債 P/L　利息・支払手数料 C/F　銀行借入調達 C/F　銀行返済 運転資金シミュレーション
	長期	B/S　設備投資計画 B/S　有利子負債 P/L　利息・支払手数料 C/F　銀行借入調達 C/F　銀行返済

直接金融	（特定の使用目的がある場合は）当該シミュレーション B/S　利益余剰金 B/S　資本金 C/F　増資による調達 C/F　配当

6-4 各種財務指標の検証（最終チェック）

　事業計画の最終段階として、前項までの計画が反映完了したら以下の項目についてチェックしておきましょう。

【ステップ】
①以下の財務指標のチェック
- 現預金：日次、月次、年次の全てにおいて＋
- 利益／営業CF：年次で＋（かつ増加傾向）
- 自己資本（純資産）：＋（かつ増加傾向）
- 自己資本比率：同業他社と比べて見劣りないか
- 有利子負債（借入金）残高：「過多」になっていないこと（同業他社と比較した上で）
- 売上債権回転期間：回収サイトと近似しているか
- 仕入債務回転期間：支払サイトと近似しているか
- 在庫回転期間：同業他社と比較して長期化していないか
- 株主構成：安定経営が図れる比率になっているか
- 売上高営業利益率：同業他社と比較して遜色ないか
- 流動比率：最低100％（理想は200％）
- 長期固定適合率：100％未満

②それ以外の全般チェック
- EBITDAと営業の差額：大きく乖離していないか
- 財務制限条項（コベナンツ）：抵触していないか
- 既存借入で長期借入のうち一部が期限一括返済となっている場合：その延長が現実的な計画として織り込まれているか、あるいは期限一括返済自体が可能な計画としているか
- （税務上の繰越欠損金がある場合等）：税務上のメリットを織り込んでい

るか
・売上が特定の販売先に過度に依存する結果となっていないか

③上記チェックにおいて抵触している事実、あるいは抵触する可能性のある事実がある場合

第7節でこれらを解消する施策の一部を紹介しています。

【ポイント】
・P/L、B/S、C/F の各事業計画がステークホルダー（株主・金融機関・取引先・監査法人）の承諾を得ることができるのかがチェックの視点となります。

第3章　事業計画書の構造

> ここまでの作業で事業計画書の取りまとめは終了しました。
> 次節からは、この取りまとめと経営目標にギャップがある場合の解消策について説明していきます。

第7節

取りまとめとギャップ解消施策

第3章第1節から第6節では、各項目においてどのような検討を行えばよいか述べてきました。第2章第1節に記載のとおり、これらの各項目の集計の結果、「経営目標」が達成されていない場合、そのギャップを埋めなければなりません。第7節ではそのようなギャップをどの方向から埋めるべきか、複数の観点から述べます。

7-1 利益増加の施策（総論）

　集計した「事業計画」の利益が「経営目標」の利益より低い場合、利益を増加させるためにはどうすべきでしょうか。
「利益」とは「収益」から「費用」を差し引いたものです。
「収益」は「売上」「営業外収益」「特別利益」に分けられます。企業において、営む事業から発生する収益が「売上」で、「営業外収益」「特別利益」は企業の事業とは直接関連しないものです。よって、「売上」が重要となります。
　また、「費用」は「売上原価」「販売費及び一般管理費」「営業外費用」「特別損失」「税金」に分けられます。
　企業において、営む事業から発生する費用が「売上原価」「販売費及び一般管理費」で、「営業外費用」「特別損失」は企業の事業とは直接関連しないものです。よって、「売上原価」「販売費及び一般管理費」が重要となります。このような収益、費用構造を理解することが、まず必要となります。

【ステップ】
①**利益構造の分解**
　利益を収益と費用に分解
②**収益の分解**
　収益を売上、営業外収益、特別利益に分解
③**売上構造の分解（７－２売上増加参照）**
④**費用構造の分解（７－３経費削減参照）**

【ポイント】
・利益＝収益－費用

図49 利益の分解

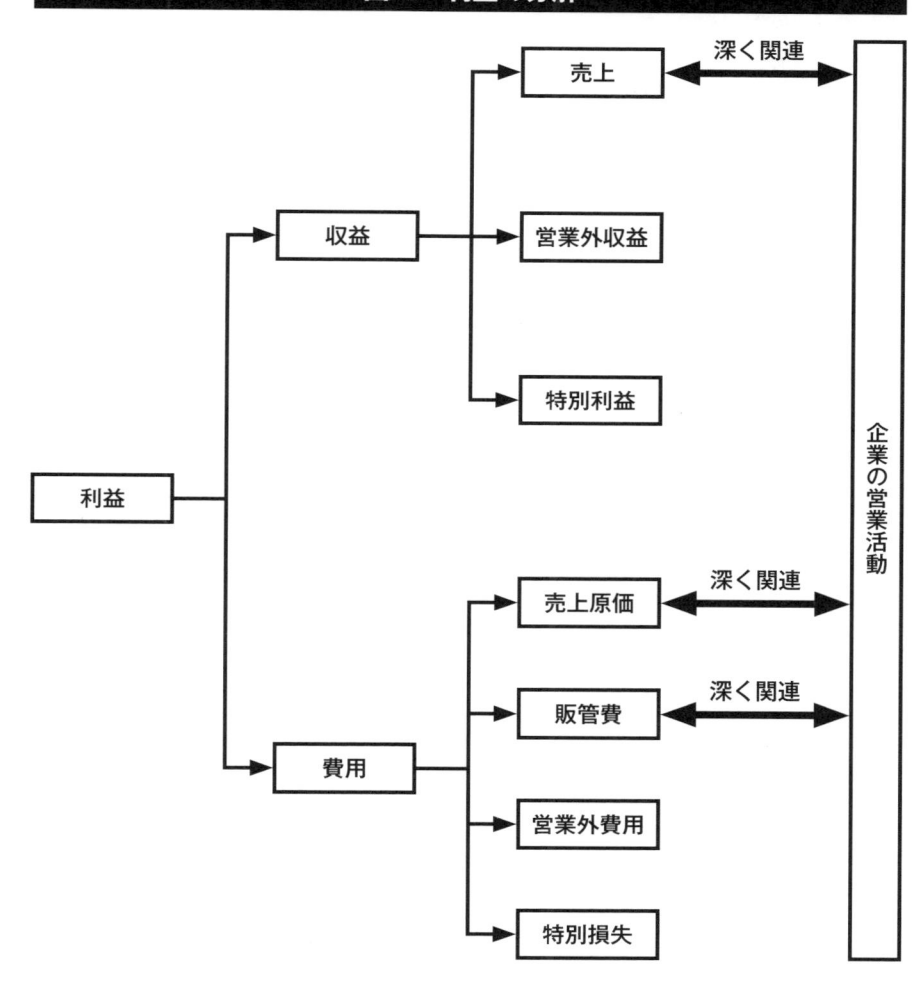

```
                  ┌─→ 売上 ←─深く関連─→ ┐
         ┌─ 収益 ─┼─→ 営業外収益        │
         │        └─→ 特別利益          │ 企
利益 ─────┤                              │ 業
         │        ┌─→ 売上原価 ←─深く関連─→ の
         │        ├─→ 販管費 ←─深く関連─→ 営
         └─ 費用 ─┤                      │ 業
                  ├─→ 営業外費用        │ 活
                  └─→ 特別損失          │ 動
                                        ┘
```

第3章 事業計画書の構造

7-2 売上増加

　売上を増加させるためにはどうすればよいのでしょう。売上と言っても既存の製商品（サービス）の売上、新製商品（サービス）の売上および新事業の売上と2つに区分できます。このそれぞれで売上増加施策を検討することとなります。

【ステップ】
①既存の製商品（サービス）の売上の増加施策の検討
　既存の製商品の売上を増加させるには、単価を上昇させる（＝値上げ）か、数量を増加させる必要があります。
　また数量を増加させるためには、顧客数を増加させるか、顧客ごとの売上数量を増加させるかの2つの方法があります。
　これにつき、営業部門と協議し、既存の製商品（サービス）であれば、自社としてどのような方策をとって売上を増加させればいいかについてある程度目処をつけましょう。

②新商品・新事業の売上の計上施策の検討
　新商品の売上を計上するためには、新商品を開発する必要があります。また、新事業の売上を計上するために、新事業を開拓するか、自社にとっての新事業を営む他社を買収する等の施策が必要になります。
　これらは既存のものではないため、営業部門や研究開発部門と協議し、当該施策について検討する必要があります。
　ただし、既存の事業よりも計画をすることが困難なため、実際の実績と大きく乖離する可能性があります。また、新商品の販売において別途コストが発生する可能性があることにも留意しておきましょう。

【ポイント】
・売上は既存製商品、新製商品（サービス）、新事業に区分できます。
・既存製商品の売上増加施策は単価上昇か数量増加のどちらかになります。
・新製商品（サービス）、新事業売上のためには計画を立てることは既存よりも難しくなります。

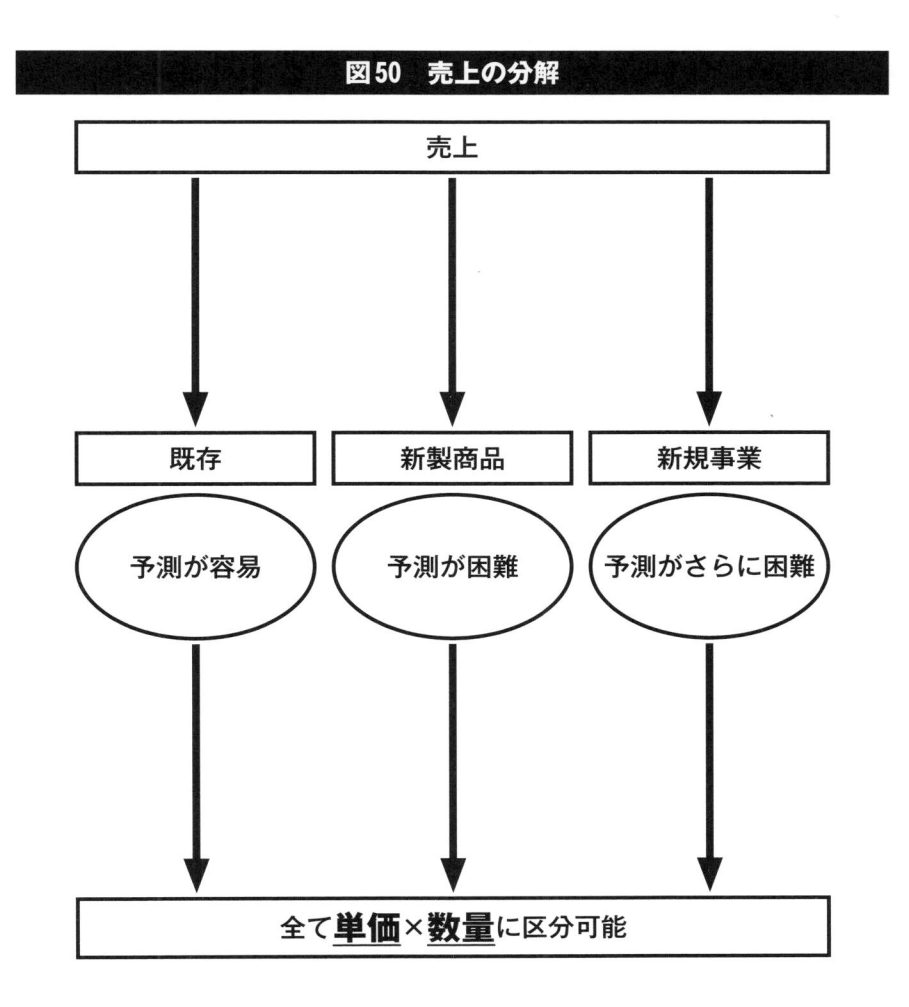

図50　売上の分解

```
                        売上
         ┌───────────────┼───────────────┐
         ↓               ↓               ↓
        既存          新製商品          新規事業
      予測が容易      予測が困難      予測がさらに困難
         └───────────────┼───────────────┘
                         ↓
              全て**単価**×**数量**に区分可能
```

第3章　事業計画書の構造

7-3 経費削減

経費削減のためには何が必要でしょうか。

先ほど費用は「売上原価」「販売費及び一般管理費」が重要と書いたとおりですが、「売上原価」「販売費及び一般管理費」は「変動費」と「固定費」に分けられます。

「変動費」とは「売上」の変動に応じて変動する費用であり、材料費や加工費等が挙げられます。「固定費」とは「売上」の変動に関係なく固定的に発生する費用であり、人件費や広告宣伝費、賃借料等が挙げられます。これら「変動費」「固定費」ごとに経費削減の検討を行うこととなります。

【ステップ】
①**費用の区分**
　過去数期の財務データより、関係部署へのヒアリングを行い、費用を「変動費」と「固定費」に区分します。
②**変動費の削減可能性の検討**
　「変動費」については、売上に応じるものですから、変動単価自体を下げる必要があります（固定費維持が前提です）。具体的には製造会社であれば、製造部門と協議し、製造の効率性を上昇させるか、購買部門と協議し、仕入先へ交渉を行い、材料仕入単価の削減を行う等が挙げられます。
③**固定費の削減可能性の検討**
　「固定費」については、売上に関係なく発生するものです。各部署と検討を行い、事業を運営することにおいて本当に必要か否かを検討した上で、必要なところまで固定費を削減する必要があります。具体的には、売上の増大につながらない広告宣伝費等が挙げられます。

【ポイント】
・費用は「変動費」、「固定費」に分けられます。
・「変動費」、「固定費」それぞれに削減方法の検討が必要です。

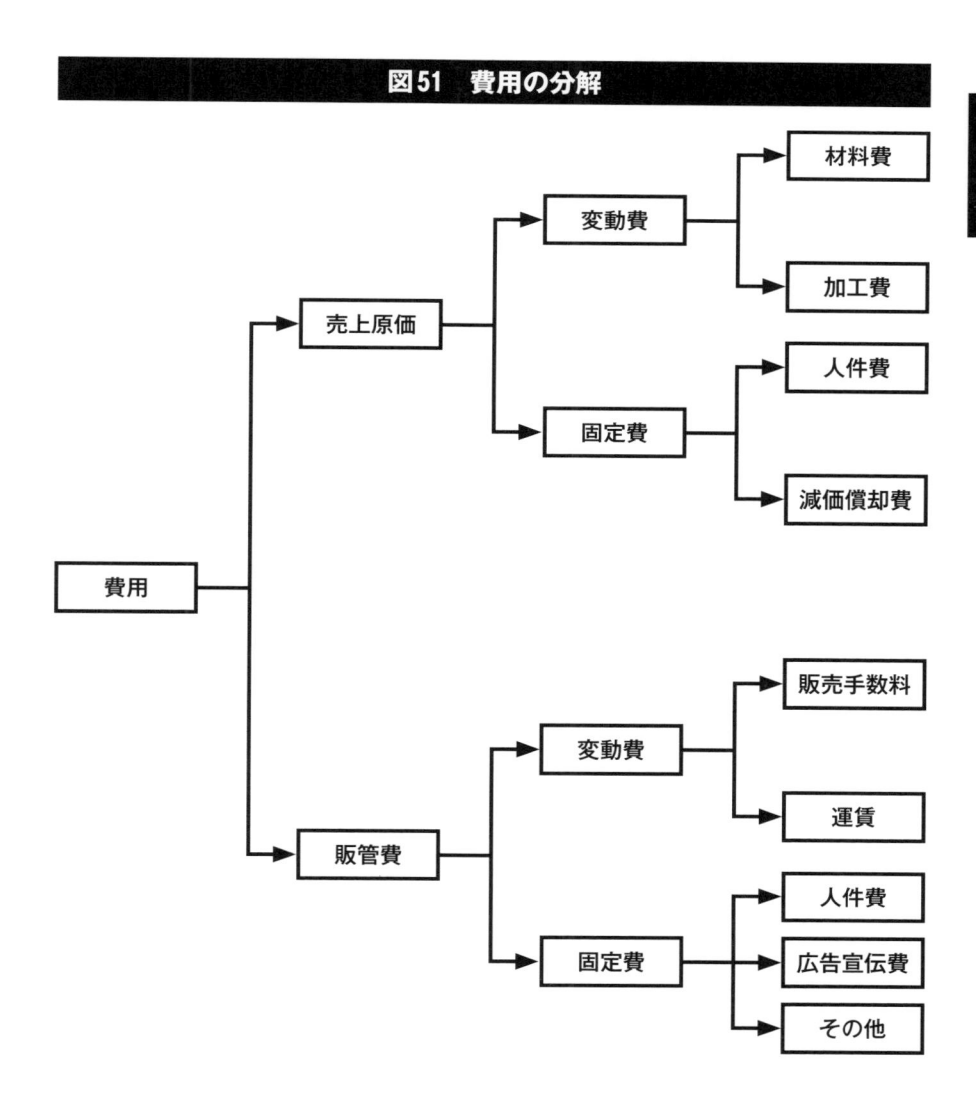

図51　費用の分解

```
費用 ┬─ 売上原価 ┬─ 変動費 ┬─ 材料費
     │          │        └─ 加工費
     │          └─ 固定費 ┬─ 人件費
     │                   └─ 減価償却費
     └─ 販管費  ┬─ 変動費 ┬─ 販売手数料
                │        └─ 運賃
                └─ 固定費 ┬─ 人件費
                         ├─ 広告宣伝費
                         └─ その他
```

第3章　事業計画書の構造

7-4 投資

　利益を増加させるためや経費を削減するためには「投資」を忘れてはなりません。投資と言っても「設備投資」、「事業投資」等といろいろと区分できます。
　「設備投資」とは企業が設備等の有形固定資産や、ソフトウェア等の無形固定資産を購入することを言います。
　既存事業の維持や、7－2でお話した新製商品（サービス）や新規事業を開始する際には必ず必要になるものです。また、7－3で述べた経費削減の観点でも必要になる場合があります。
　よって、売上増加、経費削減の方向性が確定したのであれば、「設備投資」の計画もおのずと決まってくることとなります。
　「事業投資」とは、新規事業を開始する際に当該事業に投資することで、新規事業開始のための「設備投資」は「事業投資」に含まれ、「設備投資」より広い概念と言えます。なお、新規事業投資のための企業の買収も「事業投資」となります。
　よって、7－2でお話した新規事業による売上を計上するためには「事業投資」が必要となります。

【ステップ】
①売上計画から必要な設備投資・事業投資を把握
　売上計画を達成するために必要な店舗や機械等がどの程度必要か、営業部門からヒアリングを行います。
②経費削減の施策により必要な設備投資を把握
　経費削減を行うための生産設備やソフトウェア等がどの程度必要か製造部門や総務部門等からヒアリングを行います。

③金額の見積り

必要な設備投資について関係部署から設備調達先から調達する価格の見積もりを入手します。

> 【ポイント】
> ・投資には「設備投資」と「事業投資」があります。
> ・投資は売上増加や経費削減の戦略からおのずと決まります。

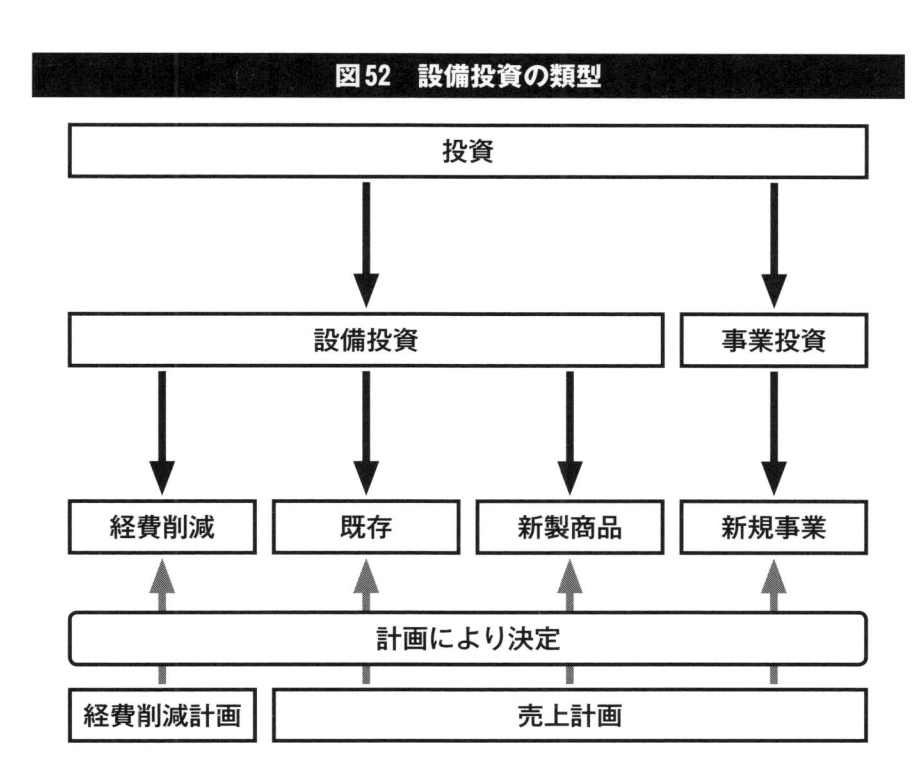

図52　設備投資の類型

```
                    投資
         ┌───────────┴───────────┐
       設備投資                  事業投資
    ┌────┬────┬────┐              │
  経費削減 既存 新製商品         新規事業
    ↑    ↑    ↑                  ↑
    └────┴────┴──計画により決定──┘
  経費削減計画 │      売上計画
```

第3章　事業計画書の構造

7-5 資金調達（総論）

　資金調達は企業において財務部が関連してきます。

　財務部の「事業計画書」は各部署の必要資金を正確に反映した上で何をすべきか計画されているでしょうか。その施策は正しいでしょうか。そうでなければ、改めて検討が必要です。

　企業は資金がなければ事業を行うことができません。資金がなくなれば、負債を支払うことができず、企業は倒産してしまいます。

　企業としては、事業運営において最低限必要な資金を確保するとともに、投資するための資金を確保する必要性があります。

　もし、企業に投資に十分な資金がなく、将来的に不足する危険性があるならば、それを防止する施策を行う必要性が生じるでしょう。

　資金ショート防止の方法としては、借入（間接金融）・増資（直接金融）、支払サイト・入金サイトの変更、在庫水準の適正化等が挙げられます。

　借入（間接金融）・増資（直接金融）については第6節にて説明しています。在庫水準の適正化、支払サイト・入金サイトの変更については次項から詳細に説明します。

【ステップ】
①キャッシュフロー（資金繰り）計画の確認
　財務部門が作成したキャッシュフロー（資金繰り）計画が事業計画の損益計算書、入金サイト、支払サイト、設備投資計画と整合しているか確認をします。
②キャッシュフロー（資金繰り）計画の修正
　必要に応じてキャッシュフロー（資金繰り）計画の修正をします。
③資金ショート金額の把握と解消のための施策の反映
　資金ショート金額を把握し、その解消のための施策をリストアップして

実行します。

【ポイント】
・資金ショート＝倒産となるので、資金繰りを確認することは非常に重要です。
・在庫水準の適正化については自社内で対応できるので、一番優先的に検討すべき施策です。

図53　資金調達施策のまとめ

資金調達	借入（間接金融）	第三者と交渉が必要
	増資（直接金融）	
	支払サイト変更	
	入金サイト変更	
	在庫水準の適正化	自社内で対応可能

7-6 在庫水準の適正化

　資金調達の計画を自社施策のみで調整できる余地があるのが「在庫水準の適正化」です。
　「在庫水準の適正化」とは製造効率の観点（大量生産によるコスト削減等）で問題がなく、かつ販売の機会を失わない程度の最低限の在庫水準のことを言います。
　なぜこれが資金調達になるかと言うと、在庫を削減することで在庫を製造するための材料、在庫を仕入れるための買掛金の金額が減少し、結果として、一時的に資金の余裕が生まれるからです。
　具体的には、企業が商品を5月に10億円分仕入れたが、毎月の商品の売上は2億円分（簡便的に商品簿価＝売上金額とする）で、支払サイト・入金サイトが1カ月の場合、1カ月後の資金は△8億円となります。
　このような場合に仕入を2億円分としておけば、1カ月後の資金は±ゼロとなり、仕入が過剰の場合より8億円分の資金繰りが改善としたこととなります。この場合、毎月2億円分の商品が5カ月間ずっと売れ続ければ、5カ月後には両者の資金繰りに違いはありませんが、その間における資金繰りには違いが生じるため、資金調達の方法の一つと言えるわけです。

【ステップ】
①適正在庫の把握
　生産部門、購買部門の協力を得て、適正な製品・仕掛品在庫と材料在庫水準を把握します。
②適正在庫の維持方法の検討
　生産部門、購買部門の協力を得て、適正在庫水準を維持するための生産計画、購買計画を策定します。

【ポイント】
・在庫水準の適正化により、買掛金の金額が減少することで一時的に資金繰りが改善します。

図54　在庫水準の最適化

【在庫水準適正化前】

	5月末	6月末	7月末
入金	－	＋2	＋2
支払	－	△10	－
入出金	－	△8	＋2
月末残高	－	△8	△6

【在庫水準適正化後】

	5月末	6月末	7月末
入金	－	＋2	＋2
支払	－	△2	△2
入出金	－	0	0
月末残高	－	0	0

⇒6月末時点の残高が在庫水準適正化前より資金が＋8も改善する

7-7 支払・入金サイトの変更

　資金調達計画の調整手法としては次に支払・入金サイトの変更が挙げられます。
　「支払サイト」とは、企業がサービスや材料等の提供を受けた月の何カ月後に支払うかを表すものです。
　たとえば、企業が材料を5月末に仕入れたとして、支払は6月末という場合には支払サイトは1カ月となります。
　それに対し、「入金サイト」とは、企業が売上を計上した月の何カ月後に顧客から入金してもらうかを表すものです。
　たとえば、企業が顧客に5月末に売上したとして、入金は7月末という場合には入金サイトは2カ月となります。
　これらは資金繰り上、非常に重要です。
　たとえば、ある企業が毎月の売上が10億円で入金サイトが2カ月の場合、入金サイトを1カ月に縮めることができれば、10億円の資金の余裕が生まれることとなります。
　また、毎月の材料仕入が5億円で支払サイトが1カ月の場合、支払サイトを1カ月延ばすことができれば、5億円の資金の余裕が生まれることとなります。
　このように支払サイトを伸ばすか、入金サイトを縮めるかで、企業の資金が増加し、結果的に資金調達を行ったこととなるのです。

【ステップ】
①(入金サイト)大口販売先のリストアップ
　営業部門の協力を得て、大口販売先をリストアップします。
②(入金サイト)入金サイト変更の可能性の検討
　営業部門の協力を得て、現状の企業と相手先の関係性から入金サイトの

変更の可能性がどの程度あるか把握します。

③(支払サイト)大口仕入先のリストアップ

購買部門の協力を得て、大口仕入先をリストアップします。

④(支払サイト)支払サイト変更の可能性の検討

購買部門の協力を得て、現状の企業と相手先の関係性から支払サイトの変更の可能性がどの程度あるか把握します。

【ポイント】
・支払サイトを延ばすか入金サイトを縮めるかで資金調達が可能です。

図55　支払・入金サイトの変更

【支払・入金サイト調整前】

	5月末	6月末	7月末
入金	－	－	＋10
支払	－	△5	－
入出金	－	△5	＋10
月末残高	－	△5	＋5

【支払・入金サイト調整後】

	5月末	6月末	7月末
入金	－	＋10	－
支払	－	－	△5
入出金	－	＋10	△5
月末残高	－	＋10	＋5

⇒6月末時点の残高が支払・入金サイト調整前より資金が＋15も改善する

コーヒーブレイク③　財務制限条項と事業計画の各種指標

　特殊な銀行借入を実施した場合、「財務制限条項（コベナンツ）」と呼ばれる条件が付されることがあります。
　これは、定期的に一定の財務指標が達成できなかった場合、ペナルティーとして利率がアップしたり、「期限の利益」の喪失事由として、銀行が会社に対して貸付期間という猶予を与えず一括での返済を要求することができる余地を与える契機となったりするものです。
　借入契約時に、銀行と有利に交渉を進めていくうえでも、この事業計画によるシミュレーションは十分に実施しておく必要があります。
　財務制限条項で設定される財務指標は通常、利益計上（赤字を出さない）、純資産の維持などわかりやすいものもありますが、EBITDA、レバレッジ・レシオ、インタレスト・カバレッジ・レシオなど一定の算式に当てはめる必要があるものも存在します。
　ここではこれらの指標と、その他、会社経営管理上有効と考えられる財務指標について述べてみたいと思います。

①EBITDA
　税引前償却前営業利益を言います。簡易版の営業キャッシュフローと考えれば結構です。
②レバレッジ・レシオ
　借入金額を EBITDA で割ったものが一般的です。借入金の適正水準を検討する際に活用します。
③インタレスト・カバレッジ・レシオ
　EBITDA を支払利息で割って算出するのが一般的です。金融費用の支払能力を測る指標と言えます。
④流動比率
　流動資産を流動負債で割ったものを言います。短期的な支払能力を判定するために活用します。

⑤自己資本比率

　負債・資本の部総額に占める純資産の比率を言います。経営の安定性を図る指標と理解してください。返済の必要がない自己資本は安定的な経営資源と言えます。

⑥ROA

　利益を総資産で割った比率を言います。いわゆる「投資効率」を判定する指標と言えます。少ない資産で多くの利益を上げると「資産効率がいい」と言うことができます。

⑦ROE

　利益を純資産で割った比率を言います。いわゆる株主の会社に対する投資効率を算定する指標と言えます。

⑧売上高営業利益率

　営業利益を売上高で割った比率を指します。ビジネスとして展開している事業の利益率のよさを判定する指標と言えます。

⑨売上債権回転期間

　売上債権（売掛金や一部の未収入金）を月平均売上高で割ったものを言います。基本的には短いほうが資金回収が早いためいいということになります。

⑩棚卸資産回転期間

　棚卸資産を月平均売上高で割ったものを言います。棚卸資産効率のよさを判定する指標と言えます。

　また、長期に滞留している棚卸資産がないかどうかを見極めるうえでも重要です。

⑪仕入債務回転期間

　仕入債務（買掛金と一部の未払金）を月平均仕入高で割ったものを言います。基本的には長いほうが資金運用上安定的と言われています。ただし、業績悪化している場合に長期化していると取引先に対する支払繰延などが生じているサインになります。

第4章

事業計画の
実行管理

第1節
実行体制側からの管理

　事業計画はあくまで計画であり、どんなに良い計画を策定したとしても、それを実際に実現できなければ意味がありません。そのため、計画を現実のものにするために、現実的に計画を遂行するための体制や仕組みを導入し、推進を担保していくことが重要です。
　一般的によく見受けられる状態は、計画に理念や目標を多数盛り込むものの、実践のためのコストやリソースを設定しておらず、精神論と従業員の努力のみに依存した形となった結果、実行が中途半端となっているケースです。
　また、さらにその結果として、経営層から現場への圧力がより高まった結果、本来の業務へのリソースを削る形で施策を実施してしまい、全体のバランスが崩れるというような、より悪い流れに陥ってしまうのです。
　本節では、このような状況を踏まえ、実行段階においての留意点についてまとめています。

1-1 部署の役割とプロジェクト化

　事業計画書の策定時には、通常のルーチン業務以外の様々な性質の、新しい取り組みを想定します。通常の業務は元々存在する組織図に則った指揮命令系統に基づいて実施しますが、横断的取り組みなどは必ずしもそのような体制と合致するわけではないため、施策の方向性によって体制を検討し、構築する必要があります。

【ステップ】
①計画上の施策を洗い出す
　計画上、様々な取り組みが策定されていると思われますが、一度各事業部を含めたすべての施策を一覧に書き出します。
②施策内容をまとめる
　書き出した施策の内容について、実行目標、関与範囲、主管部署をまとめます。この中身に応じて、プロジェクト化すべきかどうかを検討します。
③プロジェクト化判断
　部署対応で行うか、プロジェクト化すべきかどうかの判断は、部署間横断的な対応が必要かどうかで異なります。横断的な場合は、他部署の人員に対して指揮命令系統のない者が案件を仕切っていく必要があるため、プロジェクト化して他部署メンバーを組み入れることで一時的な指揮権を付与することが重要です。また、全社にわたるプロジェクトの場合はできるだけ上位の、たとえば代表取締役等がプロジェクト責任者になることが肝要です。
④リソースの見直し
　事業計画書の策定段階で、必要なコストは織り込まれているのが通常です。しかし、想定が十分でない場合が多々あるのと、特に人員リソースについては考慮されていないことが多いので、改めて必要なリソースとコス

トを明らかにします。場合によってはこの段階で事業計画の一部を修正する必要があります。

⑤全体コンセンサス

①～④でまとめた情報を一表にまとめ、経営会議や役員会等の場で、事業計画とともに承認を受けることで必要なリソースやプロジェクト化、コストについて明示的にコンセンサスを得ます。それによりその後のスムーズな計画実行体制組成につなげられます。

【ポイント】
・最も見落としがちなのは人員リソースの想定です。
・必ず全体のコンセンサスを受けることを意識しましょう。

図56　資金調達の類型

施策名	プロジェクト原価計算の導入	新規事業企画	会議時間の削減	新規顧客の開拓
実行目標	各プロジェクトのプロジェクト粗利を算定できる体制とする	新しい事業の柱となる事業企画の実施	全社的に会議の量と時間が多くなっているため削減する	販路の拡大を目指し新規顧客獲得を目指す
関与範囲	X事業部 Y事業部 管理部 システム部	経営企画室	全社	営業部 経営企画室
主管部署	管理部	経営企画室	代表取締役	営業部
主担当	経理課	経営企画室	社長室	営業1課
実行体制	プロジェクト化	部署対応	プロジェクト化	部署対応
PM	管理部長	−	代表取締役	−
内部リリース	関与各部において、半年間の継続的な人員リソースの確保が必要	経営企画室に専任1名の人員リソース	社長室メンバーの人員リソース	新規開拓チーム3名の創出経営企画室メンバーによる補助
外部コスト	新会計システム導入費用××円 システム導入コンサル費用××円	無し	無し	営業先情報の購入費用××円

1-2 プロジェクトマネジメント

　部署対応となっている案件については、一般的に部署の指揮命令系統の範疇で通常業務と同様に進められますが、プロジェクト化した場合は、プロジェクトマネジメントをして施策を軌道に乗せていく必要があります。

【ステップ】
①キックオフ資料の準備
　事前準備としてタスク一覧、分担、スケジュール、要解決課題一覧の資料を作成する必要があります。この内、要解決課題一覧以外は、タスクスケジュールのガントチャートを作成し、一覧にすると明瞭になります。
②事前調整
　①でまとめたタスクや役割について、分担が明確な部分は問題ありませんが、もめそうな部分については、上位役職者を含めて事前に対象先に調整をかけておくとスムーズに進められます。
③キックオフミーティング
　①で作成した資料に基づき、プロジェクトの全体感を共有するために関係者全体を集めてキックオフミーティングを実施します。
④進捗管理会議
　その後、プロジェクトの内容に応じて適切な期間ごとに定例のプロジェクト会議を設定し、発生する課題や進捗の管理等を実行します。
⑤進捗の遅れが発生した時
　プロジェクトを進めて行くと、途中で様々な問題が発生します。特に進捗の遅れは多々発生しますので、このような場合の役員会等上位会議への報告や調整の取り決めを事前に決めておくことがスムーズです。

【ポイント】
・形式的な会議とその手前の事前調整の双方のバランスが重要になります。
・スケジュールの遅延がおこる前提で準備しておくとよいでしょう。

図57　ガントチャート例と円滑なプロジェクトが可能な構造

大項目	小項目	担当	開始	期日	×月 1	2	3	4	5	6	7	8	9	10	11	12
準備	課題一覧	A氏	-	1												
	ガント作成	A氏	1	2												
	事前調整	A氏	3	6												
	キックオフ	全員	-	7												
実行	B課題会議	A、D氏	-	7												
	調査	D氏	8	11												
	報告書作成	D氏	-	11												
	会議2回目	A、D氏	-	12												

プロジェクトの円滑な進捗が可能な構造

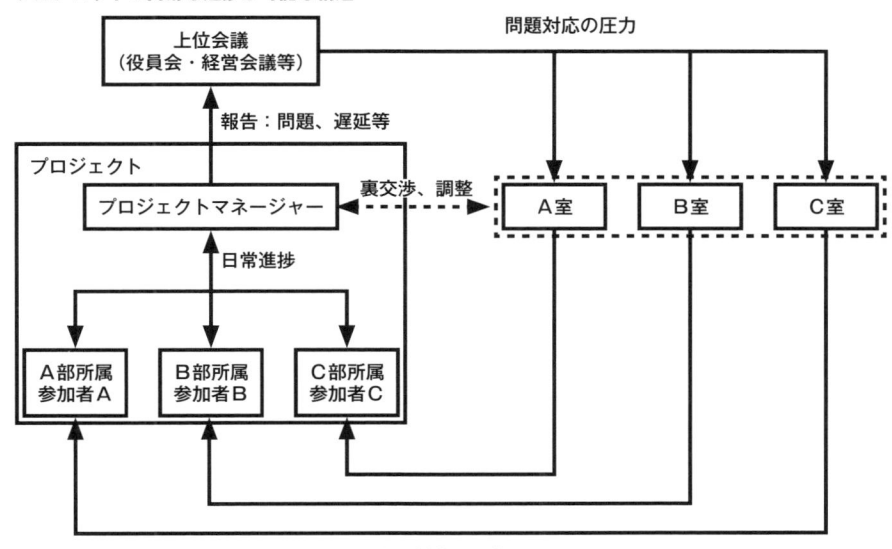

- 上位会議（役員会・経営会議等）
- 報告：問題、遅延等
- 問題対応の圧力
- プロジェクト
  - プロジェクトマネージャー ←裏交渉、調整→ A室　B室　C室
  - 日常進捗
  - A部所属 参加者A／B部所属 参加者B／C部所属 参加者C
- 問題対応の圧力

第4章　事業計画の実行管理

第2節

数値結果側からの管理

事業計画書を策定後、実際に事業年度に入り各部署やプロジェクトにおいて実務活動が進んでいきます。その成果として、各種施策の結果が様々な数値実績として反映されていきます。その中には想定程度か、それ以上の成果を上げる部分も出てきますが、想定以下の成果しか出ない部分が必ず出てきます。

そういった部分について、早急に原因を究明して対策を打つことができなければ、計画の完遂はありえません。そのため、各種施策の実行結果側から修正に至る手順について、当初より手順を固めておく必要があります。

本節では、そのような手順の構成について説明します。

2-1 財務数値管理

　結果管理として最も全体的で重要なのは会計数値実績を用いた計画実績分析になります。経営の成果としての数値は最終的にはすべて財務会計の数値として反映され、確定したものとなるため、最終的にはそちらの数値と計画の対比を行い、ズレを把握していくことが重要かつ有効になります。

【ステップ】
①月次報告ルーチンの構築
　通常の企業においては月次ベースで経営結果の報告をしている場合が多いですが、そのような手順がない場合は、月次での報告会をルーチンで行う会議体を設定する必要があります。

②予算実績差異分析の実施
　月次ルーチンで会議が設定されたら、そちらに提出する資料の作成を行います。事業計画の策定段階で部署別等の計画数値が設定されていますので、そちらと財務会計実績の差額を出す表を作成し、差異の原因について、事業部側ないしは事業部へのヒアリングにて作成します。

③差異原因の究明
　差異について、その場しのぎの表面的な理由の報告に終始している企業がかなり多く見受けられますが、本当の原因を深く把握するという意識の前提が必要です。ここに人員リソースを使うことができると実行管理はほとんど成功します。詳細な原因把握については財務会計のみでは把握できないことも多く、2－2KPI管理の部分も重要です。

④対応策の決定
　③で把握された原因について対策を決定します。原因は様々ですが、プロセスの選択がおかしい、リソースが不足している、意識不足でそもそも実施していない、等色々な理由があるので、理由にあった対応策を決定し

ます。ただし、一般的には実現可能性がない計画を立てて、そもそも達成が不能であるということが現実には非常に多く、それが差異分析や、原因究明のモチベーションを奪っている点は強く、留意が必要です。

⑤**コンセンサスの醸成**

　原因が究明でき対策が見えたとしても、その対策についてプロジェクトマネージャー、ないしは部署まかせになっていることが多く見られます。実際には組織的バックアップがないと対策が見えても実行できないことが多く見受けられるので、①で設定されている会議の場に対応策の決裁を持ち込むようにして、コンセンサスを得られるようにしておきます。

【ポイント】
・原因の見極めは表面的な理由に終始しないようにします。
・当初から実現不可能な計画としないようにします。

図58　差異原因と対応例

事象	原因例と対応例
売上の想定割れ	■**販売不振の場合** 商品・サービスが市場とマッチしていない場合が想定されます。購入者や利用者アンケート等を中心に原因の特定を早急に実施します。 ■**営業販売リソースに問題がある場合** 商品・サービスに問題がない場合でも人的リソースが不足している場合があります。他の商品との優先度確認、販売人員の獲得の遅れ等が想定されます。 ■**プロモーション方法に問題がある場合** マス広告やインターネットでの周知等がうまくいっていない場合があります。広告効果の測定結果等から問題を把握します。
費用予算超過	■**費用の超過** コスト意識が緩い会社や、コスト確認の仕組みがずさんな会社でよく起きる状況です。相見積もりの徹底や、コスト使用許可の権限を上位に移す等、牽制を強化する必要があります。 ■**計画時の費用見積り誤り** 計画策定時に精神論だけになっている場合に、よく起きる状況です。計画進行の中で漏れていたり想定と異なっていた原価コストを再度見積もりなおして、施策の数値計画を修正する必要があります。また、その結果として継続すべきなのかどうかも再度判断が必要です。 ■**想定以上の売上獲得** 売上が想定以上な場合、変動費関係が予算を超過しますが、これは適切な超過ですので問題ありません。実際には他の原因と複合して生じるため、影響額を分離する事が重要です。
原価率の超過	■**予算超過していない場合でも問題のある場合** 売上実績が予算想定より小さい場合に変動費に起きます。当初設定予算を超えていなくても、変動費は売上が少なければ小さくなるはずですので、想定比率を超えていないかの確認が必要です。
売上・コストとも予算を下回る場合	■**実行進捗が遅れている場合** 現場の対応が想定より遅れている場合に起きます。原因分析が重要になり、対外的な調整が遅れていたり、人員リソースが不足していたり、優先順位が部内で下げられたりしている場合が考えられます。

2-2 KPI管理

　最終的な確定数値の分析は月次レベルの計画実績差異分析で行い、原因管理を実施します。しかし、現場ベースでは月次ベース管理では時間的にタイミングが長すぎることが多く、また財務会計の数値のみでは原因が把握しきれないことが多々あります。そのため計画策定段階で設定しているKPIについての管理を行い、進捗把握と原因把握を行います。

【ステップ】
①KPIの確認頻度
　KPIについては、設定した内容によって把握できるタイミングがかなり異なるものの、一般的には日次〜週次程度のベースで把握できるような仕組みとして、月次管理の前段階と設定すべきです。
　当該管理については、部署やプロジェクト内でのローカルな会議体で報告と原因把握をするような仕組みを設定し、あわせて２−１ステップ①の会議に月次総括として報告します。
②問題点の把握
　KPIの計画実績差異の原因については、大きく分けて二つの場合があります。一つはKPI設定の仮定が誤っている場合で、この場合は新たなKPIの設定をし直します。
　もう一つは、プロセスが誤っているか実行できていない場合です。こちらについてはさらに原因を深堀して、意思の問題なのか、リソースの問題なのか、予算の問題なのかを特定し対応策を検討します。
③施策の微調整
　②の段階での対応策については、全体のコンセンサスが必要なものは、２−１のステップ①の会議体に上程する方向で案と資料を整理します。それ以外の場合は、部署内ないしプロジェクト内でプロセス等の微調整を行

い、計画値に行くように施策の調整を行います。

【ポイント】
・PDCAサイクルの考え方で対処しましょう。

図59　PDCAサイクル

PDCAサイクルとは、事業活動における生産管理や品質管理などの管理業務を円滑に進める手法の一つです。Plan（計画）→ Do（実行）→ Check（評価）→ Act（改善）の4段階を繰り返すことによって、業務を継続的に改善します。当該方法はKPI管理段階においても2−1の事業計画の管理段階においても適合する手法となります。

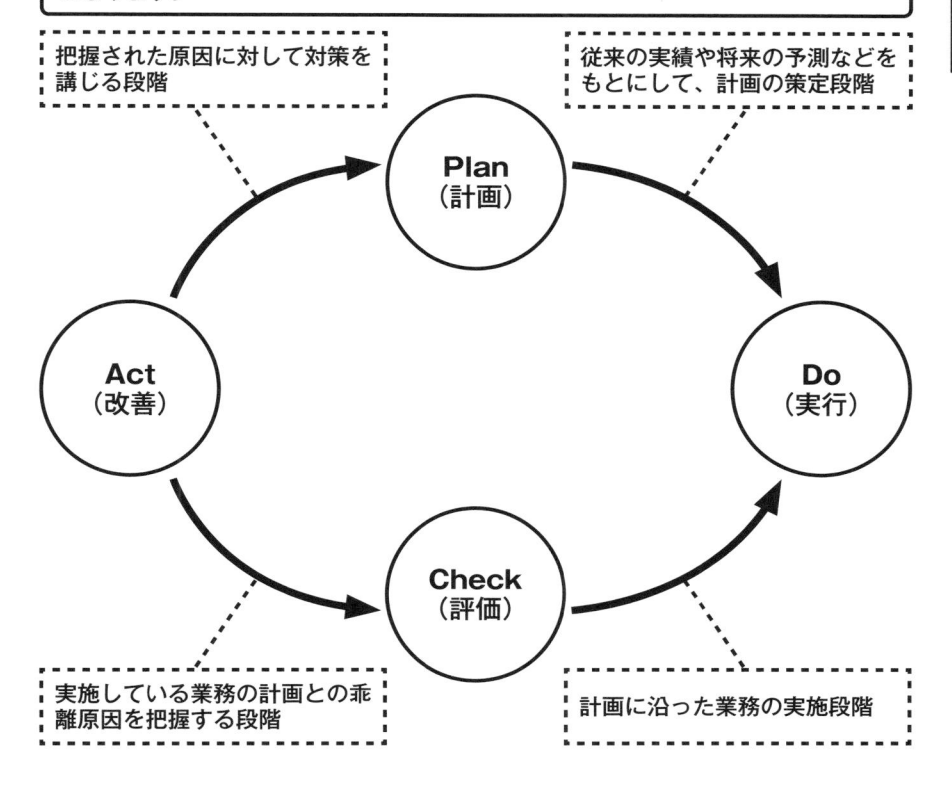

- Plan（計画）: 従来の実績や将来の予測などをもとにして、計画の策定段階
- Do（実行）: 計画に沿った業務の実施段階
- Check（評価）: 実施している業務の計画との乖離原因を把握する段階
- Act（改善）: 把握された原因に対して対策を講じる段階

第4章　事業計画の実行管理

コーヒーブレイク④　事業計画書で自社の株式価値を算定してみよう

　みなさんが事業計画書を作成する目的は多様だと思いますが、せっかく事業計画書を作成したのですから、ここは一つ、みなさんの会社の株式価値を算定してみてはいかがでしょうか？
　株式価値の算定にはいろいろな手法が存在します。ここでは主なものをいくつかご紹介しましょう。

①DCF（ディスカウンテッド・キャッシュフロー）法
　事業計画をベースに算定する株式価値と言えばこの方法です。これは事業計画から算定される将来のキャッシュフローを、割引率を用いて現在価値として集計したものから有利子負債を控除したものを指します。言いかえれば、将来のキャッシュフロー創出能力をベースに算定する方法とでも言いましょうか。シンプルにした計算式は以下になります。

$$株式価値＝企業価値－有利子負債$$

$$企業価値＝事業計画から算定されるFCFの割引現在価値＋ターミナルバリュー$$

$$FCF（フリーキャッシュフロー）＝税引後営業利益＋償却費－設備投資－運転資本増加$$

$$割引率＝\frac{1}{(1＋株主資本コスト)}$$

　ターミナルバリューは最終年度のFCFを、割引率を用いてその時点での価値を算出した後、その最終年度までの割引係数（割引率の逆数を年数部乗じたもの）を乗じて算定します。

②類似会社比較法

　これは別名「マルチプル法」とも呼ばれます。同じ業種を営んでいる上場企業の株価と、開示される決算書の数値の連動性を前提として株式価値を算定するものです。

　一般的に使われる指標はEBITDA（税引前償却前営業利益）です。同業を営む上場企業の市場で取引される株価から時価総額を算定し、これに有利子負債を合算した企業価値に直近のEBITDAで割り返した倍率に自社のEBITDAを乗じて自社の企業価値を算定、有利子負債を控除して算定する方法です。

③純資産額法

　これは、単純に直近の決算書の純資産額を株式価値とする方法です。

　以上、ざっくり説明しましたが、株に関する取引については上記の手法から適切なものを選定して算定された株式価値をベースに交渉されることになります。

　なお、意図的に高い株価を算定しようとして、算定の根拠となる事業計画書を「強気」に作成するケースがありますが、何度もお話しているとおり、「実現可能性」のない事業計画ほど経営を危うくするものはありません。

　取扱いにはくれぐれも注意してください。

おわりに

本書をお読みになられた方々、いかがだったでしょうか。

どの部署に何を依頼し、何を話せばよいか、イメージはついたでしょうか？

お読みになられておわかりになられたことと思いますが、事業計画書を作成するためには、企業のマネジメント層を含め、全ての部署と連携する必要があります。

もちろん、その過程をある程度、省略しても事業計画書の作成自体はできるでしょう。

しかし、全ての部署と常に連携が取れる（＝情報が取れる）ということが非常に重要となります。

なぜなら、事業計画書を作成する上で各部署における矛盾など見落としがちな点を、網羅的にピックアップすることで、より実態に近い事業計画書を作成できることは勿論のこと、それ以外としては、通常だと部署間利害関係が相反するようなケースの解決となる点が挙げられます。

たとえば、工場と販売部門で仕切り価格を設定している場合は、工場と販売部門において利益相反関係となり、工場と販売部門両方の状況について理解している人員が存在しなくなるケースが生じる可能性があります。このような場合、事業計画担当者が両方の部門と綿密にコミュニケーションを取ることで、両部門の情報を常に把握し、両部門が自分の部門の利益を優先することで、全社的にはベストではない行動をしている場合、それに気づくことができるのです。

事業計画書を作成するといっても、単にエクセルやパワーポイントで数字や図を作ることにそれほど重要性はありません。企業が経営目標を達成するための経営戦略を練り、それを実行させるための各部署の動きを常に把握し、必要に応じてそれをコントロールする、ということが一番重要な

のです。それが事業計画書作成部署（者）に課せられた使命なのです。

　その使命を常に遂行していれば、企業の中で現在の状況を一番よく知るのはあなたになるかもしれません。企業の状況をよく知れば、経営をどうすべきか、あなたが一番よくわかるかもしれません。事業計画書作成部署はその観点で一番経営陣に近い部署とも言えるでしょう。その点を常に意識していただければ幸いです。

　読者が本書を参考に事業計画書を作成し、その企業が発展することを願って。

平成24年1月

　　　　　　　　　　　　　　　　　　　　　株式会社エスネットワークス

【著者紹介】

株式会社エスネットワークス

「経営者の支援」「経営者の輩出」という理念の下、クライアントの成長を情熱的にサポートする経営者の視点を備えた会計・税務のプロフェッショナル集団。巷によくある「宿題を出してお終い」のコンサルティング会社ではなく、クライアントと一緒にやらなければならない様々な課題を発見し、それを「やり抜く（＝解決する）」という点が特長。クライアントに常駐して課題を解決する常駐型サービスの他、ファイナンシャル・アドバイザリー、財務・税務デューデリジェンス、株価算定、マネジメント・コンサルティング、ターンアラウンド（再生）コンサルティング、株式上場コンサルティング等の業務を展開する。

連絡先
〒107-0052 東京都港区赤坂 2-17-22　赤坂ツインタワー本館 7 F
TEL:03-5573-4661　http://www.esnet.co.jp/es

【執筆者】

日高幹夫 （ひだか・みきお）

東京大学卒業。株式会社第一勧業銀行（現みずほ銀行）を経て株式会社エスネットワークス入社。入社後、数多くの上場企業、IPO 準備企業に対する常駐ベースの関与を経験。管理部門 BPR、M&A 企画と実行（バイ・セルともに）及び PMI、再生、新規事業プロジェクト統括などを、会社をとりまく主要なステークホルダー（株主、債権者、監査法人等）との友好的かつフェアな関係構築・維持を意識しながら遂行。近年は M&A、フィナンシャルアドバイザリー、IPO コンサルティングなどのサービスを統括している。

滝島知樹 （たきしま・ともき）

学習院大学卒業。大学卒業後、株式会社エスネットワークス入社。入社後、上場会社等の管理系組織の再構築等改善業務に多数従事。現在は主にプライベートエクイティ（バイアウト）ファンドを中心とした多数の投資先に対して、管理面からのアプローチによる経営改善業務を実施し投資先のバリューアップを誘導している。

橋本卓也（はしもと・たくや）

慶応義塾大学卒業。新日本監査法人、一般事業会社を経て、株式会社エスネットワークス入社。入社後、複数の上場会社の経理・財務の改善業務を常駐支援。また、上場会社のデューデリジェンス、バリュエーション（各種価値算定）、MBOにおける対象会社の第三者委員会の委員も務めた経験を有する。

湯瀬幾磨（ゆせ・いくま）

早稲田大学卒業。大学卒業後、株式会社エスネットワークス入社。入社後、上場会社からIPO準備会社まで幅広い業種、業態、規模のPMI、管理部門BPRを経験。

装丁デザイン　田中正人（MORNING GARDEN INC.）
組版　横内俊彦
扉・イラスト　土屋和泉

視覚障害その他の理由で活字のままでこの本を利用出来ない人のために、営利を目的とする場合を除き「録音図書」「点字図書」「拡大図書」等の製作をすることを認めます。その際は著作権者、または、出版社までご連絡ください。

経営目標を必ず突破できる！
事業計画書のつくり方

2012年2月8日　初版発行

著　者　株式会社エスネットワークス
発行者　野村直克
発行所　総合法令出版株式会社
　　　　〒107-0052　東京都港区赤坂1-9-15 日本自転車会館2号館7階
　　　　電話　03-3584-9821（代）
　　　　振替　00140-0-69059

印刷・製本　中央精版印刷株式会社

落丁・乱丁本はお取替えいたします。
©es Networks Co., LTD. 2012 Printed in Japan
ISBN978-4-86280-290-3
総合法令出版ホームページ　http://www.horei.com/